LIMM&NIES

Andi Fett

TACKELFRÄGER

8 Biografien von Spitzbuben und Vorbildern

2

CLV

Christliche Literatur-Verbreitung e.V.
Ravensberger Bleiche 6 · 33649 Bielefeld

1. Auflage 2016

by CLV · Christliche Literatur-Verbreitung
Ravensberger Bleiche 6 · 33649 Bielefeld
Internet: www.clv.de

Satz & Umschlag: typtop, A. Fett, Meinerzhagen
Umschlagfoto: fotolia.com, © cirodelia
Druck & Bindung: BasseDruck GmbH, Hagen

Bestell-Nr. 256179
ISBN 978-3-86699-179-8

INHALT

LIMM & NIES

ZUM VORLESEN & NACHMACHEN

Die folgenden Kurzgeschichten stammen aus dem Programm von *Radio Doppeldecker* – einer Kindersendung, die die frohe Botschaft von Jesus Christus zeitgemäß verbreiten möche. Weitere Sendungen findet man als Podcast unter

WWW.DOPPELDECKER.INFO

Vorsicht, Falschgeld!

Manchmal hört man in den Nachrichten von Gefangenen, die ausgebrochen sind und die Gegend unsicher machen. Genau so ein entflohener Knacki war der »Wilde Michel«. Eigentlich hieß er August Philipp Michel. Er war ein gewitzter Geldfälscher, der der Polizei und sogar dem Gefängnis entkommen konnte ...

Erwischt! Jetzt hatten sie mich. Das Spiel war aus. Ich, August Philipp Michel, saß gefesselt vor den Polizisten. Wer hatte mich bloß verraten? Meine gefälschten Geldscheine sahen doch so echt aus ... Jetzt würde meine Mutter erfahren, was für krumme Sachen ihr lieber August die ganze Zeit gemacht hatte.

Ich stamme aus einer Großfamilie im Siegerland. So nennt man die Gegend um Siegen, einer Stadt in Westfalen. Ich habe noch sechs Geschwister. Leider starb mein Vater, als ich zwei Jahre alt war. Meine Mutter war deshalb mit uns Kindern etwas überfordert.

Als ich zehn Jahre alt wurde, ging ich sonntags mit zum Gottesdienst. Eigentlich fand ich es da ziemlich langweilig. Unter anderem waren auch oft einige Hammerschmiede da. Von denen gab es in Siegen jede Menge. Von dem Krach bei der Arbeit waren sie schwerhörig geworden. Sie mussten deshalb ganz vorne sitzen, damit sie alles besser verstehen konnten.

Nein, so einen harten Job wollte ich nicht machen – irgendwo am Schmiedehammer stehen und von dem Lärm taub werden. Oder sogar im Bergwerk arbeiten und sich die Knochen krumm schuften. Ich dachte mir: *»Michel, du malst und zeichnest gern. Außerdem hast du superscharfe Augen und eine ruhige Hand. Versuch es mal als Zeichner und Druckvorlagen-Hersteller.«* Tatsächlich: Ich hatte Glück. Meine Fähigkeiten halfen mir, bald eine gute Arbeitsstelle in einer Druckerei zu finden.

Dort musste ich in stundenlanger Geduldsarbeit Zeichnungen in polierte Druckplatten eingravieren. Mit diesen Vorlagen druckte man dann Landkarten, Bildbände, Spruchkarten oder Notenblätter. Ich war dabei überaus geschickt. Schon nach wenigen Jahren konnte ich eine eigene kleine Druckerei aufmachen.

Tja, von diesem Handwerk hätte ich gut leben können, aber ich war ein wilder und waghalsiger Kerl. Ich hatte eine blonde »Löwenmähne«. Meine Haare standen wirr in alle Richtungen. Meine Frisur passte deshalb gut zu mir. Mir war die Druckerarbeit bald viel zu langweilig. Und so kam ich auf die verrückte Idee mit dem Falschgeld.

Aber was heißt hier »Falschgeld«? Nach vielen Versuchen sah mein gefälschtes Geld fast genauso aus wie echtes. So echt, dass sogar Bankangestellte es nicht merkten. Meine 20-Mark-Scheine waren bald überall im Umlauf. Nur ich selbst konnte die echten von den falschen Scheinen unterscheiden. Ich hatte nämlich bei einem Wort auf den Scheinen einen i-Punkt weggelassen.

Ich, August Michel, wurde immer übermütiger. Es war ein spannendes Versteckspiel. Keiner durfte meine verräterischen Druckplatten finden. Aber dann passierte es doch. Irgendjemand schöpfte Verdacht, und so wurde meine geheime Fälscherwerkstatt eines Tages entdeckt. Zwei Polizisten verhafteten mich direkt an meinem Arbeitsplatz und brachten mich in das ca. 60 km entfernte Arnsberg ins Gefängnis.

Die Zellentür fiel ins Schloss, und die Schlüssel rasselten. Aber zu Beginn meiner Untersuchungshaft hatte man mich nicht gut genug kontrolliert! *»Ihr seid nicht schlau genug – nicht für August Michel!«*, dachte ich, als die Gefängniswärter mich in meine Zelle sperrten.

Man hatte mir zwar alles weggenommen: meine Schuhe, meine Kleider, den Inhalt meiner Hosentaschen – aber mein geheimes Werkzeug blieb unentdeckt. Bevor die Polizisten mich abführten, hatte ich nämlich noch schnell eine Eisenfeile in meine dichten blonden Haare gesteckt.

In den kommenden Nächten im Knast schlief ich fast nie, sondern zog meine Feile heraus. Aber ganz bestimmt nicht für meine Fingernägel. Nein, ich feilte damit an den Gitterstäben vor meinem Zellenfenster. An den beiden harten Eisenstäben biss ich mir fast die Zähne aus. Meine Hände waren bald voller Blasen, aber nach über zwei

Wochen war es so weit. Ich konnte den Ausbruch versuchen.

Es war ein kalter Wintertag. Unaufhörlich fielen dicke weiße Flocken vom Himmel und bedeckten die Landschaft. Nach dem kümmerlichen Abendbrot wartete ich, bis der Wärter mein Essgeschirr abgeholt hatte. Dann packte ich mein Bettlaken und riss es vorsichtig in schmale Streifen. Diese Bänder knotete ich aneinander und überprüfte dann meinen selbst geknüpften Strick. Ich dachte: *»Mit diesem Ding kannst du dich heute Nacht sowieso nicht mehr zudecken.«* Also gab es kein Zurück mehr!

Ich schnürte den Strick an einer Gittersprosse fest, setzte mich ins Fenster und drückte mit beiden Beinen gegen die angesägten Stäbe. Ja! Sie gaben tatsächlich nach, brachen ab und fielen nach draußen in die Tiefe. Zum Glück dämpfte der Schnee den scheppernden Aufprall. Flink wie ein Wiesel kletterte ich dann durch die gefährlich scharfen Gitterreste und seilte mich lautlos von Knoten zu Knoten ab.

Aber ich hatte mich verschätzt! Meine Zelle war immerhin im 4. Stock. Mein Seil reichte aber nur bis zum 2. Stockwerk. Unter mir war der dunkle Gefängnishof. Wie tief war es wohl? Und war überhaupt die Luft rein? Ich konnte überhaupt nichts erkennen. Doch ich musste springen. Was blieb mir anderes übrig? Todesmutig ließ ich mich also fallen.

Ich konnte die Höhe nicht abschätzen und den Aufprall deshalb nicht abfedern. Wie ein nasser Sack plumpste ich in den Gefängnishof. Ein stechender Schmerz durchzog meine Beine. Ich rappelte mich auf. Zum Glück hatte ich mir wohl nichts gebrochen. Aber nun kam das zweite Hindernis: die äußere Gefängnismauer. Und die war über vier Meter hoch.

Doch auch das war für mich kein Problem. Ich bückte mich und suchte die zwei abgesägten Gitterstäbe. Da! Ich fand sie im Schnee. Nun keilte ich den ersten Stab in eine Mauerritze, zog mich hoch und steckte den zweiten in die nächste Mauerfuge. Kaum hatte ich die Hälfte der Mauer bewältigt, hörte ich Schritte. So was Blödes! Da kam jemand. Ein schwacher Lichtschein fiel in den Gefängnishof.

Ein Wachmann machte seinen Kontrollgang. Mit einer Petroleum-Laterne marschierte er gemächlich an der Mauer entlang, an der ich hing. Mein Atem stockte. Würde der Beamte meine Spuren im Schnee oder das baumelnde Bettlaken am Fenster entdecken? Ich duckte mich wie versteinert an die Mauer und beobachtete den Mann mit der Laterne. Sollte ich auf ihn springen und ihn ausschalten?

Doch zum Glück merkte der Wachmann nichts. Es gab nämlich mehrere Spuren von anderen Wachleuten, die auch schon durch den Schnee gestapft waren. Der Wächter verschwand am anderen Ende des Gefängnishofs.

Wie eine Katze kletterte ich weiter. Meine Finger waren eiskalt. Ich hatte sie kaum noch unter Kontrolle. Oh nein! Beim letzten Klimmzug verlor ich eines der Eisenstücke! Aber da war ich auch schon oben auf der Mauer. Keine Zeit zum Verschnaufen! Mit einem beherzten Sprung landete ich in einem schneebedeckten Gebüsch.

Doch da bellte plötzlich ein Hund im Gefängnishof. Es war wie in einem nicht enden wollenden Albtraum. Ich lief um mein Leben, stürzte eine Böschung hinunter und hörte unter mir krachendes Eis. Ich stand wohl vor dem Flussufer der Ruhr.

Ohne nachzudenken, sprang ich ins Wasser und schwamm durch den eiskalten Fluss – und das mitten im Februar! Keuchend erreichte ich das andere Ufer. Hurra! Ich, August Michel, war zwar völlig durchgefroren, aber frei!

Schon bald erreichte ich einen schützenden Fichtenwald. Klitschnass und erschöpft ließ ich mich unter ein Dickicht fallen. Das Bellen des Wachhunds hatten die Beamten wohl auch gehört. Ja, sie würden mich, den flüchtigen Geldfälscher, bald verfolgen. Man sah auch meine Spuren im Schnee. Ich musste also weiter.

Wohnte hier nicht ganz in der Nähe ein Freund von mir? Ich fand nach langer Suche sein Haus und warf ihn mitten in der Nacht aus dem Bett. Er gab mir trockene Kleider und ein Stück Schinken. Das werde ich ihm nie vergessen.

Erst nach und nach merkte ich, dass ich trotzdem noch ein Gefangener war. Ich saß noch immer im Gefängnis meiner großen Schuld. Mein verkehrtes Leben ließ sich nicht so leicht abschütteln. Meine Fehler waren trotz des Ausbruchs und meiner Flucht nicht weg.

Wie gerne wäre ich zu meiner Mutter oder meinen Geschwistern gegangen! Also hastete ich durch die Wälder bis in mein geliebtes Siegerland. Aber das war ein Fehler. Die Polizei erwartete mich schon in meinem Heimatdorf. Ich lief ihnen geradezu in die Arme. Damit hatte ich nicht gerechnet. Ich war so geschwächt und müde, dass ich keinen Widerstand leisten konnte. Die Handschellen klickten, und ich war wieder ein Gefangener. Aber dann meldete sich der »Wilde Michel« in mir. Ich versuchte es mit einem Trick:

»Ich, ich kann nicht mehr!«, jammerte ich. *»Ich breche zusammen, wenn ich nicht sofort etwas zu essen bekomme.«* – *»Meinetwegen«*, sagte einer der Polizisten, der anscheinend Mitleid mit mir hatte. Immerhin hatte ich seit Tagen fast nichts gegessen. *»Aber keine krummen Dinger, Freundchen! Da vorne ist ein Gasthaus, da darfst du eine Suppe essen. Aber WIR werden dich füttern. Verstanden?«*

Sie zogen mich hinter sich her in die Gaststube. Meine Hände waren hinter dem Rücken gefesselt. Und so bemerkten meine Bewacher nicht, wie ich geduldig an den Handschellen zerrte. Konnte ich die nicht loswerden?

Meine Hände schwitzten. Und tatsächlich, es klappte. Meine Handgelenke waren so schmal, dass ich sie nach und nach aus den Handschellen herausbekam.

Gerade als die Wirtin die dampfende Suppe vor mich stellte, sprang ich auf, stieß die Polizisten zu Boden und sprang durch die offene Tür. Bis meine Wächter sich zwischen den Stühlen aufgerappelt hatten, war ich über alle Berge. Nur schade um die schöne Suppe!

Nun begann eine atemlose Zeit. Ich konnte mich nirgendwo blicken lassen. Ich lebte wie ein gejagtes Reh. Immer in der Sorge: *»Die schnappen dich, Michel. Die finden dich. Die erkennen dich. Die kriegen dich.«* Ich musste wie ein Marder in Schlupfwinkeln und Scheunen, in abgelegenen Holzschuppen und in verfallenen Hütten hausen. Nur nachts wagte ich mich raus. Ich lebte von Pilzen, Wurzeln und Abfällen. So ging das zwei Monate. Das war kein Leben.

Hier konnte ich jederzeit geschnappt werden, weil man nach mir suchte. Ich musste schleunigst das Siegerland verlassen. Ja, ich war ein Verlierer und konnte hier nicht bleiben. Mein Elternhaus blieb für mich unerreichbar. Meine geliebte Heimat war mir zu gefährlich geworden. Hier kannte mich doch jeder. Alle suchten den »Wilden Michel«, den entwischten Geldfälscher! Ich rasierte meine blonden Haare. Ich schmierte mir Ruß hinein. Unter falschem Namen schlug ich mich durch unbewohntes Gelände. Quer durch den Westerwald, über den Rhein, bis an die Grenze, und dann rüber nach Frankreich. Dort versuchte ich als Gelegenheitsarbeiter neu anzufangen.

Mit Waldarbeit und Holzhacken verdiente ich mir ein paar Groschen. Aber diese Arbeit war nichts für meine zarten Hände. Und schon gar nichts gegen meinen großen Kohldampf. Ich wollte endlich mal was Ordentliches essen. Mit den paar selbst verdienten Münzen ging ich in ein Gasthaus und bestellte einen Eintopf.

In dichten Rauchschwaden saßen da ein paar junge Franzosen und spielten Skat. Sie schauten zu mir herüber und tuschelten. Dann zeigten sie auf mich und machten ein paar böse Bemerkungen in schlechtem Deutsch. Sie beleidigten mich! Na ja, da bin ich ausgeflippt und hab zugeschlagen. Es gab eine Keilerei, dass die Fetzen flogen. Dummerweise rief der Wirt die Polizei …

Diesmal war alles zu spät. Ich lag blutend zwischen den Kneipenstühlen, als sie kamen und mich verhafteten. Ich heulte vor Schmerz und Scham. Nun gab es kein Entkommen.

In französischer Haft hatte ich Zeit zum Nachdenken. Aber an meiner Einstellung hatte sich nichts verändert. Ich gab den Jungs aus der Kneipe die Schuld – nicht mir. Es dauerte nicht lange, und die Polizei fand heraus, wen sie da geschnappt hatten: den gesuchten Geldfälscher und Gefängnisausbrecher August Michel. Jetzt warteten 15 Jahre Gefängnis auf mich …

Wie ist das bei dir? Versuchst du auch, vor deiner Schuld abzuhauen? Geht es dir manchmal so wie August Michel? Vielleicht denkst du auch: *»Ach, das wird schon alles wieder gut, wenn nur etwas Zeit vergeht. Irgendwann haben sicher alle vergessen, dass ich Mist gebaut habe.«* Nur leider funktioniert das nicht. Und sicher stellst du so manches Mal fest, dass dieses beklemmende Gefühl immer noch da ist.

Aber Gott will dir alles das, was du falsch gemacht hast, deine Sünden, vergeben. Weil er dich unendlich liebt. So sehr, dass sein eigener Sohn Jesus Christus die Strafe, die du für deine Schuld verdient hättest, auf sich genommen hat. Das hört sich unglaublich an, ist aber wahr. Denn das hat er auch für dich getan, damit deine Beziehung zu Gott in Ordnung kommt. Glaubst du das? Dann sag ihm doch, dass es dir leidtut, was du alles angestellt hast, wo du versagt hast und wo du ungerecht warst. Jesus hört dich, und er vergibt dir gern. Lies mal, was Gott zu Menschen sagt, die an seinen Sohn Jesus glauben und mit ihm leben:

»Fürchte dich nicht, denn ich habe dich erlöst; ich habe dich bei deinem Namen gerufen, du bist mein.« Das steht in der Bibel, in Jesaja 43,1. Wer zu ihm gehört, braucht keine Angst mehr zu haben. Und erlöst zu sein, bedeutet, dass Jesus Christus die Strafe für unsere Sünden auf sich genommen hat.

Achtung, Ausbrecher!

Der »Wilde Michel« musste wegen Geld-Fälscherei für viele Jahre ins Gefängnis. Doch er konnte aus dem Knast ausbrechen … Monatelang lebte er versteckt im Wald, bis man ihn schnappte. Wie geht's weiter? August sitzt im Zug, um wieder ins Gefängnis gebracht zu werden.

Ich wurde von den Franzosen nach Deutschland ausgeliefert. Die deutsche Polizei freute sich, als sie von dem gefassten Geldfälscher und Gefängnisausbrecher August Michel hörte. Immerhin war ich ihnen schon oft entkommen. Nun warteten viele Jahre Gefängnis auf mich …

Schon bald saß ich in einem Zug Richtung Heimat. An der Grenze wurde ich von deutschen Polizei-Beamten in Empfang genommen. Sie sagten: *»So! Das wird deine letzte Bahnfahrt für viele, viele Jahre. Jetzt geht's ins Gefängnis. Dort wird der ›Wilde Michel‹ erst mal gezähmt!«* – Mehrere Bewacher stiegen mit mir in den Zug. In Gedanken plante ich schon fieberhaft den nächsten Fluchtversuch.

Auf einmal fuhr der Zug ziemlich langsam. Draußen sah man Bauern auf den Feldern und Leute beim Spazierengehen. Ich beneidete sie alle. Mir gegenüber saß ein Polizist, der mich nicht aus den Augen ließ. Wie konnte ich ihn bloß ablenken? Da hatte ich eine Idee: Ich hob die Augenbrauen, pfiff kurz durch die Zähne und sagte:

»Wow. Ich hab ja schon viele schöne Mädchen gesehen, aber die da drüben …« Als der Polizist sich umdrehte, riss ich blitzschnell seine Dienstwaffe aus dem Holster und stürzte mit der Knarre aus dem Abteil. Der Polizist schrie nur: *»Vorsicht, der Kerl ist bewaffnet!«*

Die anderen Beamten wussten nicht, was sie tun sollten. Sie schauten sich gegenseitig nervös an. Da entriegelte ich mit hochgehaltener Waffe die Waggontür und sprang aus dem fahrenden Zug die Böschung hinab. Natürlich stolperte ich, war aber sofort wieder auf den Beinen und rannte querfeldein davon. *»Wenn ich mich nur irgendwo verstecken könnte …«*, dachte ich.

Da hörte ich einen entsetzlichen Krach. Jemand im Zug hatte die Notbremse gezogen. Mit lautem Quietschen kam die Lok zum Stehen. Hinter mir überschlugen sich laute Kommandos und die Rufe der Insassen: *»Da drüben rennt er!« – »Achtung, der ist gefährlich!« – »Da. Bei dem Acker.«* – Ich dachte: *»Wenn ich nur den Wald erreiche, bin ich gerettet! Ob die auf mich schießen werden?«* Ich schlug Haken wie ein Hase und machte Sprünge wie ein Känguru. Bei meinem Vorsprung würden sie mich mit ihren Pistolen wahrscheinlich nicht treffen.

Ich sprang in eine Kuhle im Boden und kraxelte auf der anderen Seite wieder hinaus. Doch dann stand plötzlich, wie aus dem Nichts, breitbeinig ein Bauer vor mir. Er versperrte mir den Weg. Der haltende Zug, das Geschrei und meine vielen Verfolger hatten ihn alarmiert.

Vor meinen Augen lief alles ab wie in Zeitlupe. Sollte dieser elende Bauer meine Flucht verhindern? »*Knall den Kerl ab*«, dachte ich. Ohne nachzudenken, zückte ich die geklaute Polizeiwaffe, hielt sie eiskalt vor den Mann und schrie: »*Verschwinde, oder ich drück ab!*« – Ich spürte, wie sich mein Finger am Abzug krümmte …

Da warf sich eine Gestalt schützend vor den Bauern. Es war seine Frau. Sie schrie: »*Tu das nicht!*« Ich war völlig perplex. Damit hatte ich nicht gerechnet. Sie riskierte ihr Leben für ihren Mann. Stumm ließ ich die Pistole sinken. Ein Doppelmord? Nein! Obwohl ich gerne frei wäre, konnte ich das nicht tun. Diese Frau hatte mich zur Vernunft gebracht.

Mit einem Schrei aus Wut und Verzweiflung warf ich die geladene Pistole auf den Acker und drehte mich mit erhobenen Händen um. Da stürmten auch schon meine Verfolger heran. Nun wurde nicht lange gefackelt. Sie nahmen mich natürlich sofort fest. »*Alles ist aus!*«, hämmerte es in meinem Kopf.

Neben uns saß das Bauern-Ehepaar im Feld. Sie sahen mich an. Der Mann umarmte seine zitternde Frau liebevoll. Beinahe hätte ich sie erschossen … Ich dachte an meine Mutter. Ich dachte an mein verpfuschtes Leben und weinte – zum ersten Mal nach langer Zeit. »*Vergebt mir!*«, stammelte ich beim Weggehen. Beim Einsteigen in den Zug murmelte ich leise vor mich hin: »*Gott sei Dank bin ich nicht zum Mörder geworden!*« –

GOTT sei Dank? Ich dachte lange darüber nach. Wer hatte mich daran gehindert, abzudrücken? Mir den Weg freizuschießen? Dann dachte ich so bei mir: *»Gott, ich danke Dir. Beinahe wäre ich zum Mörder geworden! Die Liebe der Bauersfrau zu ihrem Mann hat mich davon abgehalten.«*

Zum ersten Mal seit Jahren betete ich mal wieder.

Die Polizisten verstanden nicht, warum ich schmunzeln musste. *»Der hat doch wieder was vor, der ›Wilde Michel‹!«*, sagte einer der Beamten. Den Rest der Fahrt passten sie auf mich auf wie die Schießhunde. Aber ich saß nur regungslos da und dachte nach. Es war nicht nur der Aufschrei der Frau. Gott bewahrte mich davor, ein Mörder zu werden. Das war mir so was von klar!

Das Gericht in Siegen verurteilte mich zu 15 Jahren Gefängnis. In der Zelle ließ ich mich mit lautem Schluchzen auf die Pritsche fallen. *»Lieber tot sein, als 15 Jahre lebendig in diesem primitiven Loch zu sitzen ...«*, murmelte ich.

In meiner Zelle roch ich im Sommer duftendes Heu und im Winter frisch geschlagenes Holz. Die Sehnsucht nach Freiheit brachte mich fast zur Verzweiflung. *»Am besten machst du Selbstmord«*, dachte ich. *»Aber wie?«* Bei einem Rundgang im Gefängnishof fand ich etwas Blinkendes im Dreck. Es war eine Glasscherbe. Ich bückte mich und steckte sie unauffällig ein.

»Damit werde ich mir die Pulsadern aufschneiden!«, nahm ich mir fest vor. Wer sollte mich davon abhalten? *»Noch in dieser Woche! Am besten gleich morgen! Dir wird sowieso keiner nachtrauern.«* Doch dann dachte ich an meine Mutter. Wie ich früher immer auf ihrem Schoß saß. Wie sie mit mir Lieder sang und mit mir betete. Wie wir sonntags zum Gottesdienst gingen …

Am nächsten Tag zog ich die Scherbe aus meiner Jackentasche und wollte meine Adern damit aufschneiden. Da hörte ich einen hellen Glockenschlag. Ach so! Es war Sonntag. Die Glocken der Gefängniskapelle läuteten zum Gottesdienst. Ich hielt inne und überlegte. *»Na gut. Zum letzten Mal hörst du dir eine Predigt an!«*

Zusammen mit einem Wärter ging ich Richtung Kapelle. Dann schloss er die Tür zu dem kleinen Raum auf. Mit wenigen Gefangenen hockte ich auf einer harten Holzbank. Ein junger Pfarrer ging nach vorne. Er predigte von Petrus und Judas, zwei Freunden von Jesus, die beide einmal ihre Freundschaft zu ihm leugneten. Petrus tat es später leid. Er bereute, was er getan hatte.

An diesem Sonntagmorgen verstand ich, was Gott mir durch den Pfarrer sagen wollte. Es war wie ein Hammerschlag! Die Nachricht aus der Bibel packte mich innerlich und ließ mich nicht wieder los. Die Predigt passte genau zu meiner Situation. Petrus und Judas hatten abgestritten, Jesus zu kennen und seine Freunde zu sein. Beide hatten ihn im Stich gelassen. Beide unterstützten dadurch, dass Jesus zum Tod verurteilt wurde, obwohl er nichts getan hatte. Aber nur Petrus tat es nachher auch wirklich leid, was er gemacht hatte. Judas dagegen glaubte nicht, dass Jesus ihn trotz seiner Fehler liebte. Aus lauter Verzweiflung beging Judas Selbstmord.

Da zuckte ich zusammen. War ich wie Judas? Oder war ich wie Petrus? Sollte ich mein Leben beenden oder Jesus Christus um Vergebung bitten? Petrus war zwar auch verzweifelt, aber er wusste: Jesus Christus hat mich trotzdem lieb. Er vergibt auch dem größten Versager.

Nach dem Gottesdienst taumelte ich aus der Kapelle und ging über den Gefängnishof zurück zur Zelle. Gott hatte durch diese Predigt zu mir geredet. Genau heute gab's eine Predigt über Selbstmord – unglaublich! Ich schrie in Gedanken zu Gott: *»Rette mich. Ich will nicht wie Judas, sondern wie Petrus sein!«* Zum ersten Mal ließ ich mir vom Gefängniswärter eine Bibel bringen und schlug sie auf. Ich las den ersten Vers aus dem Propheten Jesaja aus Kapitel 43:

»Fürchte dich nicht, denn ich habe dich erlöst; ich habe dich bei deinem Namen gerufen, du bist mein.« Ich las den Vers noch mal: *»Fürchte dich nicht, denn ich habe dich erlöst; ich habe dich bei deinem Namen gerufen, du bist mein.«* Dann kniete ich mich vor der aufgeschlagenen Bibel auf den Boden und redete mit Jesus Christus. Das machte mich unendlich froh. Es war, als wenn Gott direkt neben mir in meiner Zelle wäre.

»Du bist mein!« Diese drei Worte merkte ich mir. An diesem Tag hatte sich mein Leben geändert. Ich wollte von nun an so leben, wie es in der Bibel steht.

Am Abend konnte ich vor Glück nicht einschlafen. Obwohl noch endlose Jahre Gefängnis vor mir lagen, hatte mein Leben einen Sinn und ein Ziel bekommen. Zwischen den Gitterstäben konnte ich jetzt in den Himmel sehen. Wie oft hatte ich meine Faust schon gebraucht, um andere zu schlagen! Jetzt konnte ich meine Hände falten und Gott Danke sagen.

Mein Leben war ab diesem Tag tatsächlich wie neu geworden. Zuerst merkten es die Wachbeamten, dann die Gefängnisinsassen. Der »Wilde Michel« war irgendwie ein ganz neuer Mensch geworden.

August Michel saß insgesamt 12 Jahre im Gefängnis. Dann wurde er begnadigt und kam drei Jahre früher frei. Seit seiner Entlassung war August für Jesus Christus unterwegs. Er besuchte Gefangene und alte Menschen, er ging zu Mutlosen.

Bald nannte man ihn in seiner Heimat nur noch »Ohm Michel« – »Onkel Michel«. Wo er hinkam, merkten die Menschen, dass er sie liebte. Immer wieder erzählte er den Leuten unter Tränen seine Geschichte: *»Gott hat mich davon abgehalten, ein Mörder zu werden. Er hat* *mich davon abgehalten, ein Selbstmörder zu werden. Gott hat mein Leben verändert. Er hat mich begnadigt.«*

Heftig, was August Michel alles erlebt hat, nicht wahr!? Und echt klasse, was Gott aus seinem verpfuschten Leben Tolles gemacht hat. Wie ist das bei dir? Gibt es auch in deinem Leben Dinge, bei denen du denkst: *»Das vergibt mir Gott nie! Ich bin viel zu schlecht für diese Welt«*?

Wir wollen dir Mut machen und dir sagen: Dein Leben hat einen Sinn und ein Ziel. Gott liebt dich, ihm bist du nicht egal! Du hast vielleicht nicht so etwas Schlimmes angestellt wie August Michel, aber trotzdem will Gott mit dir neu anfangen. Er will auch dein Leben neu machen und dir zeigen, wie du mit ihm zusammenleben kannst. Erinnerst du dich an den Vers aus Jesaja 43,1?

»Fürchte dich nicht, denn ich habe dich erlöst; ich habe dich bei deinem Namen gerufen, du bist mein.«

Und weißt du noch, was er bedeutet bzw. was Gott dir dadurch sagen möchte? Wenn du an ihn glaubst und ihn um Vergebung bittest, vergibt er dir gerne. Das meint dieses »Erlöst-sein«. Genau wie bei August Michel – dem hat er auch seine Fehler vergeben und ihm eine zweite Chance gegeben. Wenn du an Jesus Christus glaubst und seine Vergebung annimmst, dann ist deine Beziehung zu Gott in Ordnung, dann gehörst du sogar zu ihm und dann brauchst du dich nicht vor der Zukunft fürchten. Das hört sich doch alles ziemlich gut an, nicht wahr!?

Der Lauscher hinter der Laterne

Die erstaunliche Geschichte von Sotohiko Matsuzaki aus dem fernen Japan. Sie hat sich tatsächlich so ereignet und zeigt, wie wirkungsvoll die Bibel ist. Der ehemalige buddhistische Mönch und spätere Christ Sotohiko Matsuzaki hat sie selbst berichtet.

Sotohiko Matsuzaki wurde als Kind nach strengen buddhistischen Regeln erzogen. Seine Eltern hatten ihn als Mönch zum Dienst im Tempel vorgesehen. Doch Matsuzaki blieb dort tief unglücklich. Der Buddhismus gab ihm keinen inneren Frieden. Er suchte nach einem wirklichen Sinn im Leben.

Und so verließ er den Glauben seiner Väter, wurde von seiner Familie verstoßen und fand im christlichen Glauben endlich die Antwort, die er gesucht hatte. Doch damit begannen die Schwierigkeiten für Matsuzaki erst, denn nun musste er viel Leid und Ablehnung erdulden.

Deshalb machte sich Matsuzaki auf den Weg in die kleine Stadt Komatsu. In dieser Stadt, das wusste er, gab es bislang keinen einzigen Christen. Aber es gab stattdessen in der Stadt Komatsu allein 48 buddhistische Tempel. Alle Bewohner waren in Aberglauben, Ahnenkult und Angst verstrickt.

In Matsuzaki brannte der Wunsch, wenigstens *einen* Menschen zu finden, den er mit Jesus bekannt machen könnte. Aber wo sollte er damit anfangen? Um etwas Geld zu verdienen, nahm er eine Arbeit als Töpfer an. In der Töpferei hatte er aber kaum Gelegenheit, Leute zu treffen.

Also fasste er den Entschluss, nach der Arbeit draußen auf der Straße zu predigen. Matsuzaki gab Gott ein Versprechen. Er betete: *»Mein Herr, ich möchte in Komatsu Deine gute Botschaft weitersagen. Ich verspreche Dir: Das möchte ich gerne 1000 Tage durchhalten. Aber bitte schicke mir einen Menschen, der Dich sucht!«*

Wow! Kannst du dir das vorstellen? 1000 Tage wollte Matsuzaki ununterbrochen in Komatsu auf dem Marktplatz stehen und die frohe Botschaft von Jesus verkünden. 1000 Tage – das ist eine lange Zeit. Aber Matsuzaki hatte es Gott versprochen.

Und so machte er es auch. Abend für Abend ging er aus der Töpferstube, wusch sich, zog sich um und ging dann auf die Straßen von Komatsu. Aber niemand blieb stehen, um ihm zuzuhören.

Doch das konnte Matsuzaki nicht davon abhalten, weiterzupredigen. Er ließ sich nicht entmutigen. 1000 Tage, fast drei Jahre lang, setzte er nicht ein einziges Mal aus. Bei gutem und bei schlechtem Wetter, in der Hitze des Sommers und in der Kälte des Winters, ob er sich gut fühlte oder schlecht: Immer stand er auf der Straße und erzählte mutig die gute Botschaft von Jesus Christus, der die Sünder liebt. Er hatte es ja Gott versprochen.

In Komatsu war Matsuzaki natürlich bald stadtbekannt. Alle nannten ihn nur den »Christus-Depp«. Nicht ein einziger Mitmensch wollte etwas von seiner Botschaft wissen. Die Worte des Straßenpredigers schienen wie an einer Betonmauer abzuprallen. Der Buddhismus in Komatsu war wie eine uneinnehmbare Festung.

Aber Matsuzaki gab dennoch nicht auf. Auch nicht, als die beinahe drei Jahre vorbei waren. Er hatte Gott zwar 1000 Tage versprochen, aber in seinem Herzen brannte immer noch der Wunsch: *»Herr, schicke mir bitte einen Menschen, der Dich sucht!«*

Am 1012. Tag geschah etwas Merkwürdiges. Abends, als er wieder einmal auf der Straße predigte, sah er eine Gestalt, die hinter einen Laternenpfahl huschte und stehen blieb. Versteckte sich da jemand, um unauffällig zuhören zu können? Sotohiko Matsuzaki konnte weder das Gesicht noch das Alter der Person erkennen.

Dann überlegte Matsuzaki, ob das vielleicht ein Spitzel der Polizei sei. Christen wurden damals in Japan nicht gerade wohlwollend behandelt. Und wenn schon! Er hatte ja nichts zu verbergen. Mutig predigte Matsuzaki weiter. Aber der Lauscher hinter der Laterne schien kein Abgesandter der Polizei zu sein.

Die Gestalt da hinten machte sich keine Notizen, sondern hörte ganz genau hin. Die geheimnisvolle Person kam ab da jeden Abend, blieb in einigem Abstand hinter einer Laterne stehen und lauschte dem einsamen Prediger. Matsuzaki freute sich mächtig, dass er nun nach drei Jahren endlich einen Zuhörer hatte.

Erst nach zehn Abenden trat der Unbekannte etwas näher heran. Es war ein junger Mann in sehr einfacher Kleidung. Matsuzaki strahlte ihn an, verbeugte sich tief und fragte: *»Konbanwa* (das heißt: *Guten Abend*)*! Wie heißt du, mein Freund?«* – Etwas verlegen verbeugte sich auch der Fremde und antwortete: *»Hajime mashite* (das heißt: *Erfreut, Sie kennenzulernen*)*! Mein Name ist Hogai, und Ihrer?!«* – *»Ich heiße Sotohiko Matsuzaki. Komm, wir trinken zusammen einen Tee ...«*

Die beiden Männer gingen zu einem Teehaus, setzten sich an einen der Tische, und Hogai begann – noch ein wenig scheu – zu erzählen.

Er wohnte in dem zehn Kilometer entfernten Dorf namens Kizu. Seine Familie lebte dort von etwas Landwirtschaft und Fischfang. *»Waaas?«*, fragte Matsuzaki erstaunt. *»Du kommst aus Kizu? Das sind doch mindestens zehn Kilometer. Ist dir das nicht zu weit, jeden Abend die Strecke nach Komatsu zu laufen, um einen verrückten Prediger wie mich zu hören?«* – *»Nein, nein! Das ist nicht zu weit. Ich habe ja ein Fahrrad!«*, antwortete Hogai mit einem Glänzen in den Augen.

»Aber, sag mir, Hogai: Wie bist du dazu gekommen, dir die Straßenpredigten von mir anzuhören?« Hogai rutschte auf seinem Stuhl hin und her, schlürfte dabei an seinem Tee und begann dann mit seiner unglaublichen Geschichte: *»Also, das kam so ...:*

Ich war im letzten Herbst mit anderen jungen Leuten aus meinem Dorf an einem See zum Fischen. Aber es war wohl viel zu kalt. Kein Fisch biss an. Wir hatten die ganze Nacht nichts gefangen. Durchgefroren und enttäuscht wollten alle zurück nach Kizu. Nur ich mochte noch nicht aufgeben. Ich wollte es noch einmal versuchen. Alleine auf dem Boot warf ich das Netz noch mal aus und wartete.

Als ich schon fast im Morgengrauen das Netz einholte, hatte ich tatsächlich etwas gefangen. Aber was für eine Enttäuschung! Es waren nur zwei völlig aufgeweichte kleine Bücher mit blauem Einband.

Auf dem Deckel stand ›Gute Nachricht nach Johannes‹. ›*Zwei komische Bücher*‹, dachte ich. ›*Und dann auch noch zweimal das gleiche Buch.*‹ Aber ich hab sie trotzdem behalten und nicht zurück in den See geschmissen. Vorsichtig legte ich sie nahe an meine Petroleumlampe an Bord und fischte weiter.

Als die Büchlein halbwegs trocken waren, versuchte ich, die dünnen Seiten aufzuschlagen. Das ging aber gar nicht so einfach. Sie klebten zum Teil aneinander. Aber ganz hinten ließ sich eines gut umblättern – ich öffnete es bei der dicken Zahl 21. Da stand auf Japanisch: ›*Er aber sprach zu ihnen:*

Werft das Netz auf der rechten Seite des Schiffes aus, und ihr werdet finden.‹

›Ach so‹, dachte ich sofort. *›Das ist bestimmt ein Anglerbuch, das jemand hier im See verloren hat. Hier gibt ein gewisser Johannes Tipps zum Fischen.‹* Also las ich weiter: *›Da warfen sie es aus und vermochten es vor der Menge der Fische nicht mehr zu ziehen.‹*

›Aha. Hier steht, man soll das Netz besser auf der rechten Seite auswerfen. Keine Ahnung, wozu das gut sein soll. Aber gut, ich will's gleich mal versuchen.‹ Mit diesem Gedanken warf ich mein Netz auf der rechten Seite ins Wasser. Und ob du es glaubst oder nicht: Ich hatte tatsächlich Glück. Mir gingen an die zwanzig Kilo Fisch ins Netz!«

Matsuzaki setzte ungläubig seine Teetasse ab und rieb sich mit weit aufgerissenen Augen seinen kleinen Kinnbart.

»Natürlich war ich über den Erfolg beim Fischen nach Anweisung des Buches sehr erstaunt. Deshalb las ich natürlich sehr neugierig weiter in dem blauen Mini-Handbuch übers Fischen«, erzählte Hogai übersprudelnd weiter. *»Manches konnte ich wegen der zusammengeklebten Buchseiten nicht lesen. Aber dann schlug ich einfach das zweite Büchlein auf und versuchte dort die betreffenden Stellen aufzuschlagen. Erst allmählich merkte ich, was ich da gefischt hatte. Das waren wohl diese ausländischen Götterbücher, die bei uns einmal überall verteilt wurden, aber dann streng verboten waren!«* –

»Ach so!«, rief Matsuzaki erstaunt auf. *»Gegen Ende der Kaiser-Meiji-Zeit durfte nämlich die japanische Bibelgesellschaft viele, viele Evangelien drucken lassen.«*

»Evangelien? Was ist das denn?«, wollte Hogai wissen. Matsuzaki erklärte: *»Evangelium ist ein griechischer Begriff. Man kann ihn mit ›Gute Nachricht‹ oder ›Frohe Botschaft‹ übersetzen. Das sind kurze Berichte aus dem Leben von Jesus Christus, dem Sohn Gottes, dem Herrn und Meister der Christen.*

Damals wurden viele Johannes-Evangelien, also die ›Gute Nachricht nach Johannes‹, in der Gegend von Ishikawa verteilt. Viele Japaner hatten damals gerne so ein Büchlein angenommen und es dann auf ihren Götteraltar oder den Ahnenschrein im Haus gelegt, ohne es weiter zu beachten. Sie dachten, das brächte ihnen vielleicht Glück.

Als es dann aber zu einer Hungersnot kam und auch noch der Kaiser Meiji starb, dachte die abergläubische Landbevölkerung: ›Das muss an den ausländischen Götterbüchern liegen. Das ist bestimmt die Strafe der Geister, weil wir dieses Christenbuch zu unserer Ahnenverehrung benutzt haben.‹

Deshalb wurden alle Evangelien eingesammelt und verbrannt – oder eben in tiefen Gewässern versenkt. Die Ahnenschreine wurden mit Salz bestreut und von buddhistischen Priestern neu geweiht. Damit war die Bevölkerung wieder beruhigt.«

»Jetzt verstehe ich!«, rief Hogai. *»Ich erinnere mich. Man hat diese Bücher der Christen-Missionare vor einiger Zeit in Kisten gesammelt und in dem See versenkt. So eine Kiste lag auch am Boden unseres Sees. Die Bücherkiste war aber längst aufgeweicht, und ein paar Johannes-Bücher sind mir ins Netz gegangen. Deshalb hat mich auch der Inhalt so berührt. Ich wollte unbedingt mehr von diesem Jesus Christus wissen. Und dann hörte ich in meinem Dorf, dass in Komatsu ein ›Christus-Depp‹ jeden Abend auf der Straße predigt. Das musste ich mir anhören. Die zehn Kilometer mit dem Fahrrad nahm ich gerne auf mich. So bin ich die letzten zehn Tage jeden Abend hier gewesen.«*

Was für eine Freude für Matsuzaki! Nun konnte er dem jungen Hogai erklären, was genau die ›Gute Nachricht‹, das Evangelium, ist. Er erzählte Hogai, dass kein Mensch so, wie er ist, zu Gott kommen kann. Weil Gott absolut ohne Sünde ist, passen wir nicht zu ihm. Ja, schlimmer noch: Gott muss unsere Sünde bestrafen, und zwar mit dem ewigen Tod, dem ewigen Getrenntsein von Gott. Doch Gott möchte nicht, dass auch nur ein Mensch verlorengeht. Er will nicht, dass wir mit unserer Schuld belastet bleiben. Gott liebt uns so sehr, dass er sich einen Rettungsweg erdacht hat, einen Weg, dir die Strafe für deine Sünden zu ersparen. Das ist die ›Gute Nachricht‹.

»Stell dir vor: Gott hat dich so lieb, Hogai, dass er seinen eigenen Sohn Jesus Christus in diese Welt geschickt hat, um dir deine Strafe abzunehmen. Du wirst es vielleicht

kaum glauben können, aber Jesus Christus war bereit, an deiner Stelle zu sterben – und zwar wie ein Schwerverbrecher am Kreuz.«

»Ja, den Bericht davon habe ich in den blauen Büchern gelesen!«, antwortete Hogai mit gerunzelter Stirn. *»Ich habe nur nicht verstanden, was das bedeuten soll. Warum rief Jesus am Ende, beim Sterben: ›Es ist vollbracht‹? Was hat er denn vollbracht? Es ist doch ganz schlimm mit ihm ausgegangen …«*

»Das ›Es ist vollbracht‹ bedeutet: Ich habe es geschafft! Die Strafe ist erledigt! Die Schuld ist bezahlt, und du kannst gerettet werden«, erklärte Matsuzaki. *»Ist das nicht ein großartiges Geschenk, das Gott dir da anbietet?*

Wenn du dieses wunderbare Geschenk annehmen möchtest, kannst du mit ganz einfachen Worten zu Gott reden. Das nennt man ›beten‹. Komm, lass uns von jetzt an zusammen in den blauen Büchern lesen. Ich bete zu Gott, dass er dir hilft, sein Wort zu verstehen.«

Und so geschah es. Matsuzaki konnte Hogai zum Glauben an Jesus führen. Hogai war der Erste, der nach 1022 Predigten an Jesus glauben wollte.

Der junge Fischer aus dem Nachbardorf wurde später zu einer wichtigen Schlüsselperson. Zusammen mit Hogai gründete Matsuzaki eine kleine Gemeinde in Komatsu.

Für Jesus im KZ

Mitten in der Hitlerzeit – um Ostern 1938 – traute er sich etwas sehr, sehr Mutiges. Sein Name war Paul Schneider. Paul musste leider seinen Mut mit dem Leben bezahlen. Er starb im Konzentrationslager Buchenwald. Aber die Glaubensfackel, die Paul getragen hat, brennt weiter …

Paul wurde als Pfarrerssohn in der Gegend von Bad Kreuznach geboren. Aber damit war er nicht automatisch ein Christ. Paul lebte sogar lange Zeit ohne eine Verbindung zu Gott.

Seine Mutter war schwer krank und starb schon früh, und so wurde sein Vater seine wichtigste Bezugsperson.

Als er ungefähr 10 Jahre alt war, hatte Paul irgendeine Dummheit angestellt. Sein Vater fragte ihn: *»Paul, warst du das?«* Aber Paul stritt alles ab. Ohne rot zu werden, log er sich etwas zusammen. Er hatte sofort eine passende Ausrede parat, und sein Papa glaubte ihm. Paul log aus Angst vor einer Strafe.

Auch wenn man sich das kaum vorstellen kann – aber unter dieser Lüge litt Paul Schneider noch viele Jahre. Als er mit 14 konfirmiert wurde, überreichte ihm sein eigener Vater den Konfirmations-Spruch. Das ist ein besonderer Bibelvers, der einen im Leben begleiten soll. Pauls Bibel-Spruch lautete:

»Jesus Christus spricht: Jeder, der aus der Wahrheit ist, hört meine Stimme« (Johannes 18,37).

Puh, das saß! Paul dachte sofort an die Lüge von damals. *»Jeder, der aus der Wahrheit ist, hört meine Stimme«*? Aber Paul konnte seinem Vater noch immer nicht die Wahrheit sagen. Er hörte weder auf die Stimme seines schlechten Gewissens noch auf die gütige Stimme von Jesus Christus. Er behielt die Lüge immer noch für sich.

Erst 14 Jahre später, mit 28, bekannte er seinem Vater diese alte Geschichte. Denn erst in dieser Zeit fand Paul zum lebendigen Glauben an den Herrn Jesus Christus. In einem Brief an einen Freund schrieb er: *»Mit meiner Lüge vor dem irdischen Vater begann auch die Lüge vor dem himmlischen, den ich deshalb lange nicht finden konnte …«* Tja, so geht das oft: Lügen werden zu Fesseln, in die man sich tief und tiefer verstrickt und die uns oft auch von Gott fernhalten.

Aber diese Fessel der Lüge und des bösen Gewissens war Paul jetzt los. Der Herr Jesus zerriss sie, als Paul seine Sünden bekannte. Paul dankte seinem Retter Jesus Christus für die Vergebung seiner Schuld und den Neuanfang in seinem Leben.

Von jetzt an wollte Paul Schneider für die Wahrheit einstehen, auch wenn es zu seinem Nachteil wäre. Er studierte Theologie – das heißt, er wollte möglichst viel über Gott und die Bibel wissen und später auch Pfarrer werden. Nebenbei verdiente er sich Geld in einer Fabrik. Dort stand er am Schmelzofen und schuftete wie jeder andere Arbeiter. So lernte er die einfachen Leute verstehen und lieben.

Seine erste Pfarrerstelle übernahm er in Hochelheim bei Wetzlar in Hessen. Damals – es war das Jahr 1933 – kam Adolf Hitler an die Macht. Paul Schneider durchschaute schon sehr früh die Lügen der Nazis.

Der junge Landpfarrer Paul Schneider wagte es, Widerstand zu leisten. In den Schaukasten vor seiner Kirche hängte er kurze Texte. Die Leute erschraken, als sie lasen, was da stand. Paul warnte öffentlich vor den Anhängern von Adolf Hitler. Er schrieb: *»Die Nazis behaupten, dass die Juden zu einer minderwertigen Rasse gehören. So geht es nicht, lieber evangelischer Christ. Nun sei kein stummer Hund. Tu etwas dagegen.«* Das Gleiche predigte er auch am Sonntag von der Kanzel.

Paul Schneider schickte diese Predigt auch an den Bischof. Doch was geschah? Statt dem jungen, mutigen Pfarrer den Rücken zu stärken, wurde der Bischof ärgerlich. Er versetzte Paul und seine Familie in eine abgelegene Provinzgemeinde – nach Dickenschied im hintersten Hunsrück.

Doch Gott wusste schon, wozu das gut war. In Dickenschied standen die Leute hinter dem mutigen Pfarrer. Sie freuten sich, so einen mutigen Mann auf der Kanzel zu haben. Paul Schneider verweigerte z.B. den sogenannten ›Hitlergruß‹. Er hob nicht den Arm, um *»Heil Hitler!«* zu rufen. Denn Paul wusste: Das *Heil* kommt nur von Jesus. Von Adolf Hitler befürchtete er viel *Unheil.*

Im Sommer 1937 wurde Paul öfters ins Gefängnis gesteckt. Man wollte ihn einschüchtern. Denn jeder Deutsche sollte *»Heil Hitler!«* rufen. Aber Paul kümmerte das nicht. Er verbüßte seine Strafe und blieb bei seinem Standpunkt.

Dann folgte ein Brief von der Reichskanzlei, der ihn aus Dickenschied strafversetzte. Er sollte nach dem Willen der Nazis seine Pfarrerstelle verlieren. Aber Paul warf den Brief in den Papierkorb und hielt seelenruhig seine nächste Predigt. Er teilte der Reichskanzlei mit:

»Ich weiß, dass Gott mich in diese Gemeinde gestellt hat! Ich muss Gott mehr gehorchen als den Menschen.«

Sofort wurde er wieder verhaftet. Aber diesmal kam er nicht ins Gefängnis, sondern in ein Konzentrationslager – ins KZ Buchenwald. Konzentrationslager waren die Folterfabriken der Nazis. Dort wurden Menschen so lange zur Arbeit gezwungen und gequält, bis sie an Entkräftung starben.

Aber auch im KZ blieb Paul ein mutiger Christ. Er glaubte nicht den Lügen der Machthaber, sondern stand unerschrocken für die Wahrheit ein. Er wäre sofort entlassen worden, wenn er nur seine Predigten zurückgenommen hätte. Geduldig blieb er im KZ, während seine Familie ohne ihn leben musste. Paul hatte übrigens fünf Kinder. In einem Brief aus der Haft schrieb er an seine Familie:

»Vielleicht gibt Gott den Männern im Staat noch ins Herz, dass sie mich wieder freilassen. Wenn nicht, so denkt daran, dass es gut und nötig ist, damit die Menschen wieder mehr auf Gottes Wort hören und an seinen lieben Sohn Jesus, der unser Retter ist, glauben lernen. Betet für mich, denn eure Gebete bauen eine feste Mauer um mich, damit mir kein Haar gekrümmt werden kann, ohne dass Gott es will.«

Weil er sich am 20. April 1938 (dem Geburtstag von Adolf Hitler) weigerte, die Hakenkreuz-Flagge im KZ zu grüßen, steckte man ihn in Einzelhaft. Für 14 Monate musste er im sogenannten »Bunker« leben. Der Bunker war eine finstere, kalte Einzelzelle mit winzigem Gitterfenster.

Aber sogar aus diesem dunklen Loch konnte Paul seine Mithäftlinge stärken. Mit einem Klimmzug schaffte er es, sich am Gitter hochzuziehen. Dann konnte er auf dem riesigen Lagerplatz Tausende von Häftlingen sehen. Manchmal wagte er es, durch das Gitter eine tollkühne Kurzpredigt über den Platz zu rufen.

Aber dafür gab es sofort Stockhiebe auf den Rücken. Die Wärter hängten Paul an den nach hinten gedrehten und gefesselten Armen am Fensterkreuz auf, sodass seine Füße nicht mehr den Boden berührten. Stundenlang ließ man ihn dann so unter schlimmen Schmerzen in der Luft baumeln.

Aber selbst unter dieser schrecklichen Folter blieb Paul standhaft und mutig. Wenige Tage später zog er sich wieder an den Gitterstäben hoch und rief erneut einen Bibelvers hinaus. Dann hörte man nur noch die Schläge der Wärter.

Diese unerschrockene Stimme kannte bald jeder. Den »Prediger von Buchenwald« nannten ihn die Mitgefangenen bald respektvoll.

Sie war nicht zum Schweigen zu bringen, diese tröstende Stimme Gottes mitten in der Hölle des Konzentrationslagers. Paul Schneider rief wieder und wieder die frohe Botschaft mitten unter die Verzweifelten des Konzentrationslagers.

Erst Jahre später berichtete ein mitgefangener KZ-Häftling, was damals passierte:

Zeuge 1: »Ich stand mitten auf dem Appellplatz – grenzenlos allein, ohne Glauben, verzweifelt. Ich wollte mir bei nächster Gelegenheit das Leben nehmen. Dazu wollte ich geradewegs in den Starkstrom-Zaun laufen, den elektrischen Draht mit Hochspannung um das Lager. Dann wäre endlich Schluss. Da hörte ich plötzlich an diesem Ort des Grauens eine laute, klare Stimme. 20 000 Gefangene konnten es genau verstehen. Die Stimme rief aus einem Gitterfenster der Bunkerzelle heraus: ›*Jesus Christus spricht: Ich bin das Licht der Welt; wer mir nachfolgt, wird nicht in der Finsternis wandeln, sondern wird das Licht des Lebens haben.*‹ Das war die Stimme von Paul Schneider. Er hat mich durch diesen Ruf gerettet. Ich gewann neue Zuversicht durch Gottes Wort und rannte nicht in den Starkstrom-Zaun.«

Ebenso erging es Leonard Steinwender, einem Österreicher, der ebenfalls völlig verzweifelt war. Er erinnerte sich genau an Paul Schneiders klare Worte:

Zeuge 2: »Es war Karfreitag, der Tag, an dem sie Jesus an das Kreuz genagelt hatten – der Todestag des Herrn. Paul Schneider wurde noch immer im Bunker festgehalten. Er weigerte sich, etwas zu essen. Paul wollte an Jesu Leiden denken. Dafür bekam er Stockhiebe. Am Ostersonntag hörten wir draußen plötzlich die mächtigen Worte: ›*So spricht der Herr: Ich bin die Auferstehung und das Leben!*‹ Es war Paul Schneider, der Prediger von Buchenwald.«

Ja, Pauls Stimme war einfach nicht mit Schlägen zum Schweigen zu bringen. Deshalb wurde Paul Schneider am 18. Juli 1939 ermordet. Ein Lagerarzt spritzte ihm eine Überdosis Strophanthin, um ihn zu vergiften.

Seinen Sarg versiegelten die Nazis mit sieben Siegeln, damit niemand seinen geschundenen Körper sehen konnte. Aber Paul Schneiders Herr – der Sieger über den Tod, Jesus Christus – befreite Paul aus aller Qual und schenkte ihm Auferstehung und ewiges Leben.

An der Beerdigung seines geschundenen Körpers nahmen Tausende Menschen teil. Der junge, mutige Pfarrer hatte allen ein Zeichen der Hoffnung geschenkt. Jesus bleibt der Sieger – auch über den Tod hinaus. Ein Nazi, der die Beerdigung in Dickenschied beobachtete, sagte: *»So werden sonst nur Könige begraben …!«*

Paul Schneider rief mit lauter Stimme am Ostermorgen 1939: *»So spricht der Herr: ›Ich bin die Auferstehung und das Leben; wer an mich glaubt, wird leben, auch wenn er stirbt!‹«* Ja, aus der dunklen Bunkerzelle drang ein helles Licht in die Finsternis und schenkte neue Hoffnung und neues Leben.

Seit dem ersten Ostermorgen, dem Auferstehungstag von Jesus Christus, dringt aus dem leeren Grab und auch aus dem einsamsten Kerker ein helles Licht. Denn Jesus ist wirklich auferstanden und schenkt allen, die an ihn glauben, das ewige Leben.

Das 9-Minuten-Baby

»Bienvenido« – Willkommen im Tiefland von Bolivien. Dort spricht man Spanisch. Bolivien ist ein armes Land im Herzen Südamerikas, ganz nah am Äquator. In Bolivien herrscht eine hohe Luftfeuchtigkeit. Deshalb ist es dort so schwül-heiß wie in einem warmen Badezimmer. Dort hat sich 2009 folgende Geschichte zugetragen ...

»Buenos días, Señorita. Entschuldigen Sie, dass wir anklopfen. Aber wir haben eine wichtige Sache zu besprechen.« – »Perdón! Muy importante!«, wiederholt die zweite Person. Ina schaut verdutzt aus der Haustür. *»Etwas ganz Wichtiges?«* Was ist passiert? Da stehen ein fremder Mann und eine Frau vor der Tür. Wer kommt da morgens um 10 Uhr zu Besuch? Ah, diese Frau kennt sie doch! Ist das nicht eine Bekannte aus dem Frauentreff? Ja, es ist Gina, die beim Kinder- und Jugendamt arbeitet.

Ina und ihr Mann Rudi leben schon seit sieben Jahren in Guayaramerín. Sie arbeiten dort – im Tiefland von Bolivien – als Missionare. Mit einigen weiteren jungen Ehepaaren und Helfern aus Deutschland leiten sie eine kleine Missionsstation. Mittlerweile kennen fast alle Bewohner von Guayaramerín die netten Leute von der Missionsstation mitten in der Stadt.

Bolivien ist zwar dreimal so groß wie Deutschland, dabei hat es aber nur etwa 11 Millionen Einwohner.

Deutschland hat über 80 Millionen Einwohner. Das bedeutet: Ein Bolivianer hat mehr als 20-mal so viel Platz wie ein Deutscher.

Das Klima ist dort so vielfältig wie die Landschaften. Im Hochland der Anden, mit Bergen von 6500 Metern Höhe und dem Titicaca-See, dem höchstgelegenen See der Erde, muss man sich warm anziehen. Dort leben die Lamas und der Kondor, während man im dünn besiedelten Tiefland – in der Pampa – Rinderherden, Nandus und Krokodile antrifft.

Das Land ist sehr fruchtbar. In Bolivien wachsen tropische Früchte in einer für uns unvorstellbaren Fülle und Vielfalt. Jedes Jahr kann man bis zu dreimal ernten. Aber da es kaum Transportwege gibt, kann Bolivien diesen Reichtum nicht nutzen. Es gibt kaum asphaltierte Straßen, sondern nur einfache Schotterpisten oder Schlammwege, die während der Regenzeit unpassierbar sind.

Deshalb ist Bolivien das ärmste Land Südamerikas: Über 50 % der Einwohner leben in Armut. Sie müssen mit 2 US-Dollar pro Tag auskommen. Aus diesem Grund werden in Bolivien immer mehr Drogen angebaut. Denn Drogen bringen viel Geld. Aus den Blättern der Koka-Pflanze gewinnt man Kokain. Viele junge Leute sind drogenabhängig.

»Kommt doch bitte herein!«, fordert Ina die beiden Besucher auf und führt sie in ihr Haus.

»Mein Mann ist gerade unterwegs, um einen Lastwagen abzuholen. Aber wie kann ich helfen?« – »Wir haben una pregunta muy difícil – eine sehr, sehr schwere Frage, Señorita.« – »Setzen Sie sich doch!«, antwortet Ina und bietet ihren Besuchern zwei Sessel an.

Etwas unsicher setzt sich die Besucherin auf die Sesselkante. Dann rückt sie mit ihrer Frage heraus: *»Wären Sie bereit, ein drei Tage altes Mädchen aufzunehmen?« – »Una niña de sólo tres días!« – »Ein kleines Mädchen, nur drei Tage alt!«*, wiederholt der Begleiter vom Jugendamt. *»Ihre Mutter ist noch sehr jung und drogenabhängig.« – »Kokain!«*, murmelt der Beamte.

Ina bleibt der Mund offen stehen. *»Ein neugeborenes Mädchen? Von einer Drogenabhängigen? Und wir sollen es aufnehmen? Da muss ich erst mal meinen Mann anrufen!«* Die beiden Besucher vom Jugendamt haben Verständnis. So eine Frage kann man nicht zwischen Tür und Angel beantworten und ganz bestimmt nicht allein. Eine knappe halbe Stunde später ist ihr Mann Rudi mit dem Lkw zurück.

Rudi und Ina haben keine eigenen Kinder. Aber sie haben ein großes Herz für Kinder. Immer wieder leiten sie *»Campamentos«* – das sind Freizeiten in den Schulferien. Seit Jahren sind die beiden für *»Nueva Canaan«*, ein großes Freizeitgelände in der Nähe, verantwortlich. Dort werden in allen Ferien Freizeiten für bolivianische Kinder und Jugendliche angeboten.

Die beiden Besucher vom Jugendamt nennen Rudi und Ina erneut ihr Anliegen: *»Bitte! Nehmen Sie doch das Neugeborene auf! Sie lieben doch Kinder!«* Rudi und Ina bleibt keine Zeit für lange Beratungen. In ihrem Innern rufen sie zu Gott: *»Lieber Vater im Himmel! Möchtest Du uns dieses kleine Mädchen anvertrauen? Können wir uns so eine Aufgabe zutrauen? Was ist, wenn das Kind schlimm krank oder behindert ist?«*

Irgendwie wird beiden klar: *»Ja, wir sollen es tun. Wir sollten dieses Baby in Jesu Namen aufnehmen. Dieses Mädchen soll unser erstes Kind werden.«* Ohne eine längere Bedenkzeit sind Rudi und Ina dazu bereit. Es ist Montag, der 12. Januar 2009.

Auf dem Weg zum Krankenhaus, in dem sie das Baby abholen sollen, sagt Ina: *»Aber Rudi, wir haben weder ein Bettchen noch irgendwelche Babysachen im Haus. Außerdem kann ich das Kleine nicht mal stillen. Wir brauchen dringend ein Fläschchen. Andere Paare haben neun Monate Zeit, sich auf ein Baby einzustellen. Wir hatten nur neun Minuten!«* Natürlich hat Ina recht, aber Rudi antwortet ihr: *»Wenn Gott uns dieses Baby schenken möchte, wird er auch Milch und Windeln und alles Weitere für uns bereitstellen!«*

Gemeinsam mit den Leuten vom Jugendamt kommen die Rheins zu dem Krankenhaus, in dem das kleine Mädchen am 9. Januar zur Welt gekommen ist. Aber dann die Schreckensmeldung: *»Das Baby ist nicht mehr da!«*

Auf allen Zimmern wird das Neugeborene gesucht. Irgendwann murmelt eine Krankenschwester hinter vorgehaltener Hand: *»Es wurde heute Morgen verkauft!«*

Ja, jemand vom Personal hatte das Baby als *»Empleada«*, als Angestellte verkauft! Das ist in Bolivien leider üblich. Kinder, die keiner will, werden von gewissenlosen Menschen an etwas Reichere verkauft und, wenn sie groß genug sind, als Haushaltshilfe ausgenutzt. Schließlich hat man ja auch für diese Arbeitskraft bezahlt und den kleinen Schreihals jahrelang durchgefüttert. Deshalb meint man, es wäre recht, wenn man das betreffende Kind den ganzen Tag hart arbeiten lässt ...

Rudi und Ina können es kaum fassen. Dieses Neugeborene wurde wie ein Stück Vieh verkauft? Das kleine Mädchen sollte nun seine ganze Kindheit und Jugend als eine unbezahlte Haushaltshilfe fristen? Das darf doch nicht wahr sein! Rudi und Ina lassen nicht locker. Sofort versuchen sie die Adresse der Käufer herauszufinden und setzen alle Hebel in Bewegung, um dem Baby dieses schwere Schicksal zu ersparen.

»Unser Gott! Wenn Du dieses Baby für uns vorgesehen hast, dann lass es uns jetzt bitte finden und wieder freikaufen können!«, beten Ina und Rudi im Auto.

In einem anderen Stadtbezirk werden sie fündig. Das Baby war tatsächlich als zukünftige *»Empleada«* in einem zweifelhaften Haus gelandet. Und da liegt nun das winzige Bündel vor ihnen. Zum ersten Mal sehen sie ihr Mädchen. Das Baby wiegt nur etwas über zweieinhalb Kilo. Am Bäuchlein ist noch die blutige Nabelschnur zu sehen. Die Haut des Babys ist dunkeloliv, das Haar tiefschwarz.

Für Rheins ist es keine Frage: Sie müssen dieses Kind sofort loskaufen. Koste es, was es wolle! Und es gelingt. Die Menschenhändler willigen ein. Für einen Kaufpreis von 500 Bolivianos rücken die gewissenlosen Käufer das Baby heraus. Dann bringen Rheins die Kleine nach Hause und flüstern: *»Bienvenida – Willkommen!«* Nun gehört das kleine Mädchen zu ihnen. Fast.

Nach dem bolivianischen Gesetz muss das Baby noch dringend beim Jugendgericht in Cochabamba gemeldet und der Adoptions-Antrag ausgefüllt werden. Das ist ein weiter Weg. Aber nach diesen Ämtergängen ist sie ihr rechtmäßiges Kind.

Familie Rhein gibt dem Mädchen den Namen Sarah-Lineth. Es ist nun ihr Töchterchen. Dennoch suchen und forschen sie wochenlang nach der wirklichen Mutter. Sie geben in den Zeitungen Anzeigen auf. *»Wer kennt dieses Mädchen?«* Darunter ein Foto von Sarah-Lineth. Aber niemand meldete sich. Auch über das Radio lassen sie im ganzen Landstrich nach der Mutter suchen. Aber auch damit haben sie keinen Erfolg.

Heute sagen die Rheins: *»Gott hat es so gelenkt. Er hat uns die kleine Sarah-Lineth geschenkt. Er hat unser Ge-*

schick gewendet und unseren lang ersehnten Wunsch und unser Gebet nach einem Kind erfüllt. Am 12. Januar 2009 kam das Jugendamt zu uns und fragte, ob wir bereit wären, ein drei Tage altes Mädchen aufzunehmen.

Ungewollte Kinder sind eine bittere Realität im armen Bolivien. So erging es auch unserer Sarah-Lineth. Ihre Mutter war erst 14 Jahre alt und wusste im Krankenhaus nicht mal den Namen des Vaters anzugeben. Nach der Geburt wollte sie ihr Baby nicht sehen. Ihre Eltern hatten ihr verboten, mit einem Kind nach Hause zu kommen. Daraufhin hatte sie zweimal versucht, das Kleine zu ersticken.

Dennoch ist Sarah völlig gesund. Sie hat weder Aids noch andere Krankheiten. Eine Wiege, die ein Ehepaar hiergelassen hatte, wurde vom Dachboden geholt. Eine Bekannte gab uns Babykleidung. Jemand brachte Babypuder als Geschenk, und alle waren gespannt auf das neue Familienmitglied. Diesem winzigen Geschöpf, das in einer Umgebung des Hasses und der Abneigung geboren wurde, möchten wir eine liebevolle Familie sein.«

Ist die kleine Sarah-Lineth nicht ein wunderbares Zeichen der Gnade Gottes? Was konnte das winzige bolivianische Baby schon dafür, dass jemand sie suchte und liebte und kaufte? Gar nichts! Und genauso wie Rudi und Ina Rhein nicht lockerließen, bis das verstoßene Menschenkind für einen hohen Preis gekauft war, ließ Gott auch nicht locker!

Unser Vater im Himmel sah, wie hoffnungslos und verloren unser Leben ohne ihn wäre. Das konnte Gottes Erbarmen nicht mit ansehen. Darum hat er uns einen Retter gesandt. In Jesus hat Gott uns besucht. Im Neuen Testament, in Titus 2,14, steht: *»Er hat sich selbst für uns gegeben, damit er uns loskaufte als sein Eigentum!«* Ja, wir mussten losgekauft werden. Denn ein anderer »Besitzer« hat uns Menschen fest im Griff. Satan, der Gegner Gottes, möchte uns zu Sklaven machen und sieht es nicht gerne, wenn Menschen frei werden.

Jesus Christus hat dich so lieb, dass er hinging und den allerhöchsten Preis für dich bezahlte, damit du sein Eigentum, sein geliebtes Kind sein kannst. Er kam auf die Erde und wurde an ein Holzkreuz genagelt. Seine grundlose Liebe sucht heute auch nach dir.

Sarah-Lineth hat mittlerweile sogar zwei Geschwister. Denn Ina wurde doch noch schwanger! Drei Jahre nach Sarahs Ankunft bekam Ina einen Jungen, und noch mal zwei Jahre später ein Mädchen.

Als Sarah den dicken Bauch bei Ina bestaunte, fragte sie: *»War ich auch mal da drin?«* Ina überlegte kurz und antwortete dann: *»Hm, liebe Sarah. Nein, du warst damals noch bei deiner Bauch-Mama. Aber ich bin deine richtige Mama! Andere Kinder werden in 9 Monaten geboren. Aber dich bekamen wir in 9 Minuten.«*

Indigo

54 vor Christus wollten die Römer Britannien erobern. Dabei kam es zu einem komischen Zwischenfall. Julius Caesar landete mit seiner Flotte an der Küste Englands. Aber die Ureinwohner – die sogenannten Kelten – ließen sich das nicht gefallen. Sie jagten den Römern einen mächtigen Schrecken ein: Die Überraschung, die die Römer damals erlebten, beschreibt Julius Caesar in seinem Buch *»De bello Gallico«*, dem Bericht über diesen Krieg:

»Furchterregende Krieger ... traten uns Römern entgegen. So etwas hatten wir noch nie gesehen: Sie waren im Gesicht ganz blau. Das gab ihnen in der Schlacht ein schreckliches Aussehen. Später entdeckten wir: Alle Briten malten sich mit einem Pflanzensaft an, der wild wächst und diesen blauen Farbton erzeugt.« Die Kriegsbemalung haben also nicht die Indianer erfunden, sondern die Engländer.

Damals nahm man als Farbstoffe verschiedene Pflanzensäfte. Doch lange Zeit fehlte ein wasserfestes, tiefes Blau. Die Menschen sahen zwar überall blaue Farben um sich herum: am Himmel, im Wasser – und auch manche Blüten und Früchte sind intensiv blau. Aber diese Blautöne waren entweder nicht verfügbar oder nicht beständig.

Doch dann entdeckte jemand eine geheimnisvolle Pflanze – den *Färberwaid*: Eigentlich blüht diese Pflanze strahlend gelb, aber wenn man sie pflückt, zerstampft, vergärt und mit Urin vermischt, entsteht ein wasserfestes blaues Färbemittel!

Wie Julius Caesar feststellte, war schon bei den Kelten Britanniens der Färberwaid sehr verbreitet. Über Jahrhunderte wurde diese Pflanze gezüchtet und gezielt angebaut. Tränkte man helle Stoffe mit der stinkenden Brühe des Färberwaids und legte sie dann in die Sonne, erschien nach und nach die kräftige blaue Farbe.

Etwa zwölf Stunden mussten die Stoffe im Färber-Bad bleiben und danach noch mal zwölf Stunden an der Luft verblassen. In dieser Zeit hatten die Färber nichts zu tun. Genau davon kommt noch heute unsere Redensart »blaumachen«, wenn man z.B. die Schule schwänzt.

Im alten Orient kannte man aber schon lange vorher ein viel besseres Färbemittel – den *Indigo*. Dieser Farbstoff blieb in Europa lange unbekannt. Erst Marco Polo aus Venedig beschreibt im Mittelalter in seinen Reiseberichten die Herstellung von Indigo. Er lernte diesen Farbstoff erst in Indien kennen. Daher auch der Name.

Die Indigo-Gewinnung war für die Färber aber nicht ungefährlich. Das Verarbeiten der säurehaltigen Pflanzen war ganz schön gesundheitsschädlich: Wegen der ätzenden Wirkung hatte Indigo bald den Ruf der »fressenden Teufelsfarbe«. Deshalb wurde Indigo zunächst in Europa verboten und das Färben sowie das Anbieten von gefärbten Indigo-Stoffen unter Strafe gestellt.

Nur in England, wo nicht genug Färberwaid angebaut werden konnte, stieß der Indigo auf keine Abwehr. Man brauchte immer mehr von dem beliebten blauen Färbemittel. Indigo war aber sehr teuer und wurde aufgrund des hohen Preises bald nicht mehr als Stofffärbemittel, sondern nur noch als Malerfarbe verwendet.

England sicherte sich nach und nach eine Monopolstellung im Indigo-Handel. Das heißt: Wollte jemand Indigo kaufen, gab es den nur bei englischen Händlern. Drei Viertel der weltweiten Indigo-Gewinnung kam von indischen Plantagen, die die Engländer überwachten. Ganz Indien war damals britische Kolonie.

Und an der Stelle komme ich – Edward Studd –, ins Spiel!

Ich wagte es, als Unternehmer nach Indien zu gehen. Ich setzte alles auf eine Karte und baute Indigo auf großen Plantagen an. Riesige Felder wurden mit Indigo-Setzlingen bepflanzt. Nach der Ernte ließ ich die Pflanzen zerstampfen und auspressen. Den Saft sammelte ich in riesigen Bottichen.

Dann filterte ich aus dem stinkenden Zeug den edlen Farbstoff Indigo. In Schanghai brachte ich ihn zum Hafen und verkaufte ihn an britische Händler. Nach nur wenigen Jahren hatte ich es auf ein riesiges Vermögen gebracht!

Indigo war damals deshalb so gefragt, weil immer mehr blaue Arbeitskleidung gebraucht wurde. Zum Beispiel wegen des »großen Goldrauschs«! Damals herrschte im Westen der USA das große Goldsuch-Fieber, und Levi Strauss stellte strapazierfähige Arbeitskleider her, die reißenden Absatz fanden. Er färbte seine blauen Leinenhosen – die ersten *Bluejeans* – mit meinem Indigo. Ich habe also beim Goldrausch kräftig mitverdient. Für eine Jeans werden etwa 12 Gramm Indigo benötigt. Das entspricht bei einem Indigopreis von 30 Euro pro Kilogramm einem Wert von 35 Cent, die ich an jeder Hose verdiente ...

Schon bald verkaufte ich meine Plantagen und zog mit meiner jungen Familie zurück nach England. Ich hatte genug von dem subtropischen Klima. Mit mir ging auch mein Freund – der Pflanzer Vincent – zurück nach *»good old Britain«*.

Stell dir vor: Ich musste nie mehr arbeiten – so reich waren wir! Ich konnte mir und meinen Kindern jeden Luxus und jede Liebhaberei leisten – eine prächtige Villa, schöne Möbel, die teuersten Sportarten: Rennpferde und Kricket. In meinem Stall standen Englands teuerste Rennpferde. Wir hatten private Sportplätze und einen riesigen Park um unsere Villa.

Meine Jungs wurden teilweise fantastische Sportler. Charles z.B. widmete sich intensiv dem Kricketspiel. Er kam auf das beste College in Cambridge. Dort wurde er sofort in die Universitäts-Kricketmannschaft aufgenommen, spielte darin in den nächsten sechs Jahren und wurde Mannschaftskapitän. Als überragender Schlagmann der englischen Nationalmannschaft wurde er später zum Nationalhelden. Zusammen mit seinen beiden Brüdern Kynaston und George waren sie als »Die drei Studds« in der ganzen Sportwelt so berühmt wie heute WM-Torschützenkönige.

In dieser Zeit passierte etwas Merkwürdiges. Eines Abends nach einem Pferderennen schlenderte mein Freund Vincent durch Dublin. Er hatte die letzte Fähre von Irland nach England verpasst und musste in der Stadt übernachten. Aber er hatte ja sowieso nichts zu tun. Aus Versehen geriet er an diesem Abend mitten in eine Veranstaltung, die er für eine Mitmach-Show gehalten hatte. Aber stattdessen stand ein gewisser Mann namens Moody auf der Bühne und predigte von Jesus.

Die Ansprache von Moody war so packend, dass Vincent von der Botschaft völlig überwältigt wurde. Er beschloss ganz spontan, in Dublin zu bleiben, bis die Vortragsreihe zu Ende war. So etwas hatte er noch nie gehört. An einem dieser Abende wurde er ein Christ und glaubte dem, was Moody sagte. Er übergab die Führung seines Lebens an Jesus Christus.

Aber stell dir einmal vor: Moodys nächster Predigtort nach Dublin war London! Das traf sich gut, denn das lag ganz in unserer Nähe. Mein Freund Vincent lud mich übersprudelnd zu diesen Veranstaltungen ein. Zunächst habe ich mich kräftig gegen diese Zumutung gewehrt. *»Ich gehe doch in keine fromme Werbeveranstaltung. Die wollen mich doch nur bekehren ...«*

Aber Vincent ließ nicht locker. Ich erkannte meinen Freund kaum wieder. Letzte Woche war er doch noch völlig erfüllt vom Pferderennsport und von Pferdewetten, und jetzt war er ein völlig veränderter Mensch. Sein Leben war wie auf den Kopf gestellt. Deshalb wollte ich auch diesen Mister Moody persönlich kennenlernen. Aber es kam noch besser: Ich lernte dabei sogar Jesus Christus persönlich kennen! Mir war klar, dass mein egoistisches Leben so nicht weitergehen konnte. Ich begann, in der Bibel zu lesen und als Christ zu leben. Als meine Söhne das bemerkten, wurden sie neugierig.

In dieser Zeit bekam unser George eine lebensgefährliche Lungenentzündung. Es sah so aus, als müsse er sterben. Charles, sein großer Bruder, stand fassungslos in seinem Krankenzimmer und begriff endlich, wie vergänglich Geld, Ruhm und sportliche Erfolge sind. An diesem Tag beschloss er: *»Herr Jesus, wenn es Dich wirklich gibt, will ich nur noch für Dich leben!«*

Es vergingen ungefähr sechs Monate. Obwohl Charles versuchte, Jesus nachzufolgen, fühlte er sich irgendwie frustriert. Seine Freunde rieten ihm dies und das, aber sein verzweifeltes Bemühen schien wenig erfolgreich zu sein. Er fühlte sich niedergedrückt und verzagt.

In dieser schwierigen Lebensphase fiel ihm ein Flugblatt in die Hände. Es war der Aufsatz eines Atheisten, also von jemandem, der gar nicht an Gott glaubt. Darin stand:

> **Wenn das wahr wäre**, was Millionen fest behaupten, **dass es Gott gibt** und sich unser Leben auf der Erde auf ein anderes Leben auswirkt, **dann würde mir Gott alles bedeuten**. Ich würde Genuss für Dreck halten und Sorgen für Torheit achten. **Meine Gedanken wären nur auf die Ewigkeit gerichtet.** Nur einen Menschen für den Himmel zu gewinnen, wäre mir ein ganzes Leben voll Leiden wert. Ich ginge in die Welt und predigte, ob es anderen passte oder nicht, und mein Text würde lauten: *»Was wird es einem Menschen nützen, wenn er die ganze Welt gewinnt, aber seine Seele einbüßt?«*

Dieser Zettel traf Charles Studd mitten ins Herz. Ja, dieser Mann hatte recht! Aber was sollte Charles jetzt tun? Er setzte alles auf eine Karte – so wie ich damals auf den Indigo. Bald darauf beendete er seine Sportkarriere. Er meldete sich aus der Nationalmannschaft ab und gab das Kricketspielen auf. Er betete: *»Herr Jesus, was willst Du, dass ich tun soll?«* Von da an galt Charles' ganzes Interesse der Frohen Botschaft von Jesus.

Er schrieb in sein Tagebuch: *»Als ich das begriffen hatte, dass Jesus für mich gestorben war, schien es mir gar nicht mehr schwer, alles für ihn aufzugeben.«*

Unbeirrt ging Charles Studd seinen Weg, ja, sogar als er in der Bibel las: *»Verkaufe alles, was du hast, und verteile es an die Armen!«* (Lukas 18,22).

Charles Studd gab seine Karriere als bekannter Sportler und Kricketmeister auf, er verschenkte sein Millionenerbe, um sein Leben als Missionar in China, Indien und schließlich in Zentral-Afrika für Jesus einzusetzen. Seitdem genoss er den glücklichsten Teil seines Lebens.

Sein Lebensmotto lautete:

»WENN JESUS CHRISTUS WIRKLICH GOTT IST UND ER FÜR MICH STARB, DANN KANN KEIN EINSATZ FÜR IHN ZU GROSS SEIN!«

Für ihn war Jesus tatsächlich alles. Charles Studd war einer von Gottes außergewöhnlichen Leuten.

Kennst du jemanden, der Gott über alles liebt? Möchtest du nicht auch so ein Mensch sein? Denk bitte noch einmal über den wichtigsten Satz von Charles Studd nach: *»Wenn Jesus Christus wirklich Gott ist und er für mich starb, dann kann kein Einsatz für ihn zu groß sein!«* Hast du jemals etwas aus Liebe zu Jesus aufgegeben? Probier es mal aus. Gott wird dich segnen, so wie er Charles Studd gesegnet hat.

Die Armee, die die Welt rettet

Eine Fahne wurde in letzter Sekunde zur Lebensrettung. Und die außergewöhnliche Frau, der diese Fahne einmal gehörte, ahnte nichts davon. Sie hieß Catherine Hine und hatte ein Herz für Ausländer! Seit Jahren lebte sie in der allerärmsten Gegend von London – dem Hafenviertel.

Dort, entlang der Docks und Kaimauern, verliefen die schmutzigsten Gassen der englischen Hauptstadt. Denn hier wimmelte es nicht nur von Ratten und Katzen, sondern auch von heimatlosen Hafenarbeitern und Habenichtsen, die dort in unbeschreiblichen Zuständen hausten.

Wie in jeder großen Hafenstadt fanden sich auch in London Seeleute aus aller Herren Länder. Hier waren es hauptsächlich Chinesen, denn China wurde damals von den Engländern beherrscht. Viele der Chinesen arbeiteten als Matrosen, Schiffsköche oder Waschpersonal an Bord von großen Segelschiffen.

Aber genau diese entwurzelten Menschen hatte Catherine Hine im Blick. Sie war entschlossen, die an den Rand gedrängten Menschen zum Glauben an Jesus Christus zu führen. Dazu eröffnete sie ein kleines Lokal direkt im Hafenviertel.

Es war aber gar nicht so leicht, fremde und verunsicherte Menschen in ihre kleine Gaststätte zu einer warmen Mahlzeit zu locken. Deshalb hängte sie ein selbst gemaltes Schild über den Eingang. Darauf stand in großen chinesischen Buchstaben eine herzliche Einladung:

»CHIN SEIH CHOEN«

»Die Armee, die die Welt rettet«

Denn Catherine gehörte zur sogenannten »Heilsarmee«. Die Heilsarmee ist eine Gruppe von Christen, die zwar Uniformen tragen, aber keine Waffen. Sie wollen Kämpfer für Jesus und gegen das Böse in der Welt sein.

Die Heilsarmee predigt in den Großstädten das Evangelium von Jesus Christus und begegnet dort menschlicher Not mit erstaunlicher Nächstenliebe. Deshalb kochen sie für Obdachlose, helfen Alkoholikern oder kümmern sich um Gefängnisinsassen – und das noch bis heute.

Tagsüber, wenn im Hafen besonders viel Betrieb war, ging Catherine durch die Straßen. Wo immer sie einen Chinesen traf, sprach sie ihn an und erzählte ihm von ihrer Gaststätte und den Treffen der Heilsarmee, die jeden Abend in ihrem Lokal stattfanden.

Bald fand Catherine heraus, dass sie die Chinesen am besten in ihr Lokal locken konnte, wenn sie dort kostenlos Englisch lernen könnten. Also bot Catherine einen Sprachkurs an und versorgte die Besucher außerdem mit den neuesten Nachrichten aus China. Ihre gastfreundliche und liebevolle Art lockte mehr und mehr Besucher an.

Sie erzählte auch jeden Abend die Frohe Botschaft von Jesus und betete zum Schluss mit ihnen – und das alles mit ihrem schlechten Chinesisch. Die Besucher merkten, wie ernst und wichtig Catherine diese abendlichen Treffen waren. So folgten immer mehr Chinesen ihrer Einladung.

In Catherines Lokal sah es bald aus wie mitten in Schanghai. Ihre Kundschaft bestand fast ausschließlich aus Chinesen in ihren blauen Kattunkleidern und mit flachen Hüten auf dem Kopf. Die Asiaten liebten Catherine und nannten sie bald nur noch *»die kleine Lehrerin«*.

Catherine hatte ihre kleine Gaststätte wie eine Schulklasse eingerichtet: Auf den Tischen lagen Schreibhefte und Bleistifte, an der Wand hingen Bilder von biblischen Geschichten, und in der Ecke stand sogar eine Schultafel. Catherine nutzte ihre Englisch-Stunden natürlich auch zum Bibelunterricht.

Sie zeigte zum Beispiel zuerst ein Bild von einem Hirten, der sein verlorenes Schaf sucht, und dabei sprach sie die Wörter »Hirte« und »Schaf«. Wenn sie merkte, dass ihre »Schüler« die Wörter verstanden hatten, erzählte sie das Gleichnis vom verlorenen Schaf. Am Ende der Geschichte wurde vielen Zuhören klar, dass sie wie das verlorene

Schaf waren und auch von einem guten Hirten – dem Herrn Jesus – gesucht würden.

Nachdem sie die neuesten Nachrichten aus China berichtet hatte, lud Catherine alle Besucher noch zu einer Andacht ein. Zunächst war das für die Chinesen alles fremd – die Lieder, die kurze Ansprache und auch das Beten. Doch allmählich gefielen ihnen die Liedtexte, die in ihrer Sprache gedruckt waren, und die Melodien, die sich so fröhlich und mitreißend anhörten.

Außerdem ging ihnen die Ansprache zu Herzen, und die Gebete der »kleinen Lehrerin« waren kraftvoll. Viele Chinesen freuten sich schon die ganze Woche auf die Andachten der Heilsarmee.

An einer Wand der Gaststätte von Catherine hing auch die bunte Fahne der Heilsarmee. Die Flagge ist ihr Erkennungszeichen und gleichzeitig ein Bekenntnis. Denn das, was man auf dieser Fahne sieht, ist ein Symbol für wichtige Glaubenswahrheiten: Die Fahne ist tiefrot mit einem schmalen blauen Rand, der ringsherum verläuft und einen gelben Stern in der Mitte hat.

Oft erklärte Catherine den Chinesen diese Fahne:

»Das ROT steht für das Blut von Jesus, das für alle Menschen vergossen wurde. Das BLAUE Band stellt die Menschen dar, die Jesus folgen, tapfer und treu, denn Blau ist eine reine und schöne Farbe. Und der GELBE

Stern symbolisiert unsere Hoffnung: Denn bald kommt Jesus Christus wieder – wie der Morgenstern nach langer Nacht. Diejenigen, die ihm folgen wollen, müssen Menschen sein, die treu, voller Liebe und glühender Hoffnung sind.«

Jeden Abend, wenn Catherine ihre Besucher verabschiedete, sagte sie zu jedem, der das Lokal verließ: *»Ping an!«* Das heißt so viel wie *»Friede sei mit dir!«*.

Unter denen, die zu Catherines *»Chin Seih Choen«* gehörten, war auch der Zimmermann Sung. Er wohnte schon eine Zeit lang in London und hatte die Treffen bei Catherine regelmäßig besucht. Eines Abends kam er zu der »kleinen Lehrerin«, um sich von ihr zu verabschieden.

Was sollte ihm die »kleine Lehrerin« auf die Schnelle nur als Abschiedsgeschenk mitgeben? Sie hatte keine Gelegenheit mehr, noch irgendetwas für ihn zu besorgen. Da nahm Catherine kurzerhand die Heilsarmee-Fahne von der Wand und sagte zu Sung:

»Yi lu king an!« (Das bedeutet: *»Ein Friedensauftrag für dich!«*) – *»Nimm sie mit nach China.«*

Sung kehrte wieder in sein altes Dorf in China zurück, in dem er aufgewachsen war. Er fand das Dorf genauso vor, wie er es verlassen hatte. Nichts hatte sich geändert. Noch immer betete man zu den Geistern der Vorfahren, und man verrichtete immer noch die gleiche Arbeit wie damals.

Er erzählte den Menschen aus seinem Dorf viel über die Länder, in denen er gewesen war. Auch von der »kleinen Lehrerin«, die so liebevoll war, berichtete er. Die Zuhörer freuten sich, dass die Engländerin so freundlich zu ihm und den anderen Chinesen gewesen war.

Die Botschaft aber, von der ihnen Sung immer wieder erzählte, war ihnen fremd und klang unglaubwürdig. Sie lachten sogar über ihn und seine Vorstellung, mit diesem Glauben wieder ganz normal unter ihnen leben zu wollen. Sung aber dachte mit Hochachtung an die »kleine Lehrerin«. Sie war in London immer so geduldig mit allen Chinesen gewesen. Er wollte versuchen, genauso zu handeln wie sie.

Doch dann brachen um 1900 schwere Zeiten für China an. Ein Aufstand führte zu einem blutigen Bürgerkrieg. Zwei Armeen, die beide aus chinesischen Soldaten bestanden, bekämpften sich auf Leben und Tod. Am meisten hatten jedoch die Fremden zu leiden. Gerüchte über Folterungen, die sowohl weiße als auch einheimische Christen durchstehen mussten, ließen manchen erschaudern.

Eines Tages gelangte in das Dorf, in dem Sung wohnte, die Nachricht von der Armee, die alles, was ihr auf ihrem Weg begegnete, verbrannte und verwüstete. Ein furchtbarer Schrecken befiel die Dorfbewohner. Was sollten sie tun? Niemand wusste Rat. Auch die chinesischen Mönche konnten nicht helfen. Da sahen alle auf Sung und bestürmten ihn:

»Wir wissen nicht, was wir tun sollen. Kann dein Gott uns vielleicht retten?« Sung fühlte sich in die Enge getrieben. Als er noch in England bei Catherine in der *»Chin Seih Choen«* war, hatte er fest daran geglaubt, dass bei Gott alle Dinge möglich sind und dass er über sein Leben wachen würde. Galt das auch jetzt, wo die Armee, gegen die kein Widerstand möglich war, die nichts und niemanden verschonte, auf das Dorf zumarschierte? Ihm war selbst bange.

Er wusste aber auch, dass das, was er der »kleinen Lehrerin« versprochen hatte, für gute und für schlechte Zeiten galt. Jetzt musste er sich als guter Soldat Jesu Christi erweisen und versuchen, Frieden zu stiften. Auch wenn das bedeutete, dass er der Gefahr entgegengehen musste.

Und auf einmal dachte Sung an seine Fahne. Er hatte sie bis jetzt noch gar nicht gebraucht, sondern nur sorgfältig aufbewahrt. Dazu hatte ihm die »kleine Lehrerin« die Fahne aber nicht gegeben. Was hatte sie noch zum Abschied gesagt? *»Yi lu king an!«* – *»Ein Friedensauftrag für dich!«*

Ja, das waren ihre Abschiedsworte. Da kam ihm ein Gedanke ...

Wie wäre es, wenn er mit der Fahne in der Hand dem Feind entgegenginge? Sie half ihm, an die »kleine Lehrerin« und vor allem an seinen Herrn Jesus Christus zu denken. Zwar wusste er nicht, was er mit der Fahne ausrichten könnte, aber dieser Gedanke war ihm gekommen, während er gebetet hatte. Und da er der einzige Soldat Christi im Dorf war, musste er jetzt auch wohl allein dem Feind entgegengehen. Gott würde ihm helfen.

Die Dorfbewohner sahen ihn verdutzt an, als er ihnen von seinem Plan erzählte. Wie war es möglich, dass Sung so etwas wagen wollte? Woher hatte er diese Ruhe, die es ihm ermöglichte, sich auf den Weg zu machen, als ginge er zu einem Besuch bei Freunden?

Sung hatte schon die feindliche Vorhut erreicht. Nach einigen schroffen Fragen, wer er sei und was er wolle, wurde er zum General vorgelassen. Seine Fahne sollte er mitnehmen. Sung wurde in ein großes Zelt geführt. Er stand vor einem Mann, der seiner Kleidung nach der General sein musste. Von ihm hing alles ab. Der aber nahm zuerst gar keine Notiz von ihm, sondern starrte nur auf seine Fahne.

Plötzlich sagte er: »*Das ist die Fahne der ›kleinen Lehrerin‹. Ich habe ihre Veranstaltungen in London auch besucht. Das ist viele Jahre her. – Sag mir: Lebt sie noch? Hilft sie den Chinesen noch immer?*« Blass und mit schlotternden Knien stand Sung vor dem General und wischte sich den Schweiß von der Stirn.

Dann erzählte er alles, was er von Catherine Hine wusste. Dabei wurde für den General eine Zeit wieder lebendig, die er meinte, für immer hinter sich gelassen zu haben. Damals hatte er unter dem Einfluss der »kleinen Lehrerin« erwogen, auch ein Streiter Christi zu werden und am Reich des größten Königs mitzubauen.

Aber so weit war es bei ihm nicht gekommen. So viele andere Einflüsse hatten ihn in eine andere Richtung getrieben. Jetzt aber, als der schmächtige Sung mit seiner Fahne vor ihm stand, brach alles wieder in ihm auf.

Als Sung seine Erzählung beendet hatte, blieb es eine Weile totenstill im Zelt. Beide Männer waren sich auf einmal wieder der Umstände bewusst, unter denen ihre Begegnung stattfand. Was sollte der General tun? Sein Entschluss war bald gefasst. Sung durfte unbeschadet in sein Dorf zurückkehren – mit der Botschaft, dass niemand etwas zu fürchten habe.

So hatte Sung den Friedensauftrag erfüllt, den Catherine Hine ihm aufgetragen hatte. Es war ihm geschenkt worden, sein Dorf zu retten. Wie froh ihn seine Mitbewohner wohl empfingen! Ob es ihnen jetzt leichter fiel, sich für die Freude und Kraft der Botschaft Jesu zu öffnen?

Weit weg in London ging Catherine Hine noch immer durch die Gassen des Londoner Hafenviertels. Noch immer hatte sie die gleiche Botschaft und den gleichen Aufruf. Menschen kamen und gingen. Und oftmals fragte Catherine sich, ob sie wirklich etwas erreichte. Was konnte sie in ihrer kleinen Gaststätte schon bewirken?

Ihre Arbeit kam ihr manchmal so mühsam und wenig Erfolg versprechend vor. Sie wusste nicht, dass sie durch ihre Arbeit in London eine ganze Armee in China vom Plündern und Morden zurückgehalten und dadurch ein ganzes Dorf gerettet hatte. Christus hatte durch die »kleine Lehrerin« für viele den Frieden gebracht.

»Ich bin der glänzende Morgenstern!«, sagt Jesus Christus in Offenbarung 22,16. Er wird bald wiederkommen, wie der helle Morgenstern. Dann ist alles Dunkle und Schlimme vorbei. Darauf kannst du dich freuen, wenn du ihm gehörst. Und denk dran: *»Yi lu king an!«* Das bedeutet: *»Ein Friedensauftrag für dich!«* Halte mutig die Fahne für Jesus Christus hoch und steh zu ihm! Gott behüte dich! *»Ping an!«* – *»Friede sei mit dir!«*

Der kleine Sarg

Endlich Frühling! Draußen wird es endlich wieder grün – die Natur blüht auf. Und – na klar: Das Osterfest steht vor der Tür! Hm, Ostern ... Was feiert man da eigentlich? Das erklärt diese Geschichte. Sie ist tatsächlich passiert. Es geht um Familie Hoffmann. Und der Name passt genau, denn Ostern hat ganz viel mit »Hoffnung« zu tun.

Familie Hoffmann lebte vor etwa 100 Jahren unter den Eingeborenen auf der Insel Neuguinea. Neuguinea ist eine Insel voller Urwälder und liegt nördlich von Australien im Pazifischen Ozean – also genau auf der anderen Seite der Erdkugel.

Eigentlich stammte Familie Hoffmann aus Deutschland. Aber warum zog sie dann freiwillig ans andere Ende der Welt in den Urwald? – Nun, sie wollten dort als Missionare den Menschen helfen, die noch nie von Jesus gehört hatten. Missionare sind Leute, die anderen von Jesus und dem, was er getan hat, erzählen. Die Hoffmanns versuchten, die gute Nachricht von Jesus Christus bis in die letzten Winkel der Erde zu tragen.

Das Ehepaar Hoffmann hatte drei heranwachsende Kinder. Weil es aber damals auf Neuguinea keine Schule gab, entschloss sich die Familie zu einem ganz schweren Schritt: Die Eltern reisten allein nach Neuguinea, um diese wichtige Arbeit für Gott zu tun. Die drei Kinder blieben in Deutschland bei Oma und Opa. Es war ein schwerer Abschied für die ganze Familie. So ein Opfer kann man kaum fassen. Übrigens: Einige Jahre später haben sie sich alle wiedergesehen.

Das Leben in der Fremde war nicht leicht. Mühsam gewöhnten sich die Ankömmlinge an die völlig andere Umgebung. Sie wohnten nun in einem Haus, das auf Pfählen stand und mit Palmblättern bedeckt war. Strom gab es nicht, auch kein Badezimmer und keine Toilette.

Die Hoffmanns brauchten lange, um sich einzugewöhnen. Erst nach und nach lernte das deutsche Ehepaar die Sprache der Einheimischen. Es dauerte Monate, bis sie einzelne Sätze verstanden. Geduldig lebten sie unter den Eingeborenen und versuchten immer wieder, ihre Sprache zu verstehen.

Dann begann Herr Hoffmann damit, sich mit der Sprache des Stammes näher vertraut zu machen. Der Häuptling des Dorfes wurde glücklicherweise sein Freund. Mit Händen und Füßen versuchten sie sich zu verständigen. Der Missionar sammelte alle Wörter, die er verstanden hatte, und schrieb sie in Notizbüchern auf. Bald wollte er mit einer Bibelübersetzung beginnen.

In dieser Zeit wurde Frau Hoffmann wieder schwanger. Voller Erwartung bereiteten die Hoffmanns alles für den Nachwuchs vor. Frau Hoffmann häkelte Windeln aus Baumwolle, und Papa Hoffmann zimmerte eine kleine

Wiege aus Palmholzbrettern. Sie konnten die Geburt kaum erwarten. Dann war es endlich so weit: Sie bekamen ihr viertes Kind, einen kleinen Jungen. Und er war das einzige Kind, das bei ihnen sein konnte.

Die Freude der beiden Missionare war riesengroß. Natürlich vermissten sie ihre anderen drei Kinder sehr. Nur per Post konnten sie von Zeit zu Zeit ein wenig Kontakt halten. Telefone gab es damals noch keine. Auch die Inselbewohner freuten sich sehr mit den glücklichen Eltern und über ihr Baby. Das kleine blonde Kerlchen war für alle etwas ganz Besonderes. Denn in ihrem Stamm sind alle Menschen schwarzhaarig.

Der Kleine wuchs also in der Ferne auf und lernte direkt von Anfang an die Sprache der Einheimischen. Die Landessprache studierten seine Eltern voller Freude, und sie fingen an, die Bibel zu übersetzen. Mit seiner Übersetzungsarbeit war Herr Hoffmann schon weit gekommen. Er machte sich nun an den 1. Korintherbrief. An einer Stelle kam er jedoch nicht richtig weiter – und zwar bei Vers 19 in Kapitel 15:

»Wenn wir allein in diesem Leben auf Christus Hoffnung haben, so sind wir die elendesten von allen Menschen.«

Der Missionar fand einfach keinen passenden Begriff für das Wort »Hoffnung«. Wie sollte er das umschreiben? Die Leute von Neuguinea versuchten, ihm bei der Wortsuche zu helfen. Aber sie konnten sich unter »Hoffnung«

einfach nichts vorstellen. »Leben« konnten sie verstehen, »Elend» kannten sie auch, aber was war »Hoffnung«?

In dieser Zeit wurde der gerade einjährige Junge der Hoffmanns sterbenskrank. Herr und Frau Hoffmann machten sich große Sorgen. Schließlich gab es weit und breit keinen Arzt. Ihnen wurde sehr elend zumute, aber zugleich gaben ihnen Gottes Zusagen Trost und neuen Mut.

Dann, ganz plötzlich, starb der Kleine. Den Missionaren wurde das Herz zum Zerbrechen schwer. Warum musste das geschehen? Warum durften sie dieses Kind nur ein Jahr behalten? Unwillkürlich dachten die Hoffmanns daran, dass Gottes einziger Sohn auch sterben musste.

Weil sie ihren Jungen selber beerdigen mussten, brauchten sie einen Sarg. Herr Hoffmann wollte die kleine selbst gebaute Wiege benutzen, aber seine Frau sagte: *»Liebling, lass die Wiege stehen. Vielleicht schenkt Gott uns ja noch ein Baby.« – »Aber woher soll ich denn dann einen Sarg nehmen?«*, fragte der Missionar.

»Schatz, ich habe eine Idee!«, antwortete Frau Hoffmann. *»Häng bitte einfach unsere Tür aus und baue daraus den Sarg.« – »Waaas? Wieso das denn? Die brauchen wir doch noch!«* Aber Frau Hoffmann ließ sich nicht davon abbringen, und sie erklärte: *»Für uns ist der Tod doch nur wie diese Tür. Also ein Durchgang. Die Leute hier im Dorf sollen sehen, dass das Sterben für uns nicht das Ende ist. Für uns, die wir Jesus Christus vertrauen, ist der Tod doch*

nur ein Durchgang, ein Übergang in Gottes neue Welt.« Da musste Herr Hoffmann an seinen Bibelvers denken, und es machte ihn froh, zu wissen, dass der Tod nichts Endgültiges ist: »*Wenn wir allein in diesem Leben auf Christus Hoffnung haben, so sind wir die elendesten von allen Menschen. Nun aber ist Christus aus den Toten auferweckt …*«

Missionar Hoffmann erzählte später: »Als ich am nächsten Vormittag den kleinen Sarg zimmerte und Träne um Träne auf die Bretter tropfte, beobachteten mich die Eingeborenen. Aufmerksam betrachtete auch mein Freund, der Häuptling des Dorfes, mein weinendes Gesicht. Er schwieg lange. Dann sagte er mitfühlend: ›*Dein geliebter kleiner Sohn ist tot. Werdet ihr jetzt wieder weggehen?*‹

›*Nein, wir möchten bei euch bleiben!*‹, antwortete ich. ›*Aber dann werdet ihr vielleicht auch sterben. Was machen dann eure Kinder über dem Meer?*‹, fragte der Häuptling besorgt. ›*Die sind in Gottes Hand!*‹ – ›*Oh Hoffmann*‹, sagte der Häuptling – und nun blitzten auch Tränen in seinen Augen. ›*Was seid ihr Jesus-Leute für Menschen? Ihr habt ein ganz anderes Herz als wir. Aber, nicht wahr, ihr könnt durch den Horizont sehen?*‹ – ›*Ihr könnt durch den Horizont sehen …*‹ Mir ging dieser Satz nicht mehr aus dem Sinn. ›*Ja*‹, sagte ich meinem Freund, ›*ja, das können wir! Häuptling, wir Christen sehen durch den Horizont in den Himmel hinein. Dort werde ich meinen lieben Jungen wiedersehen!*‹«

Erst später am Abend, als der Missionar in seiner Hütte war, fiel ihm das Gespräch mit dem Häuptling wieder ein. Er erzählte es seiner Frau. Da schoss es ihr durch den Kopf: *»Liebling – jawohl, das ist das Wort, das du suchst: Das ist das passende Wort für Hoffnung:*

›DURCH DEN HORIZONT SEHEN‹!«

So eine ergreifende Beerdigung hatten die Inselbewohner noch nie erlebt. Das weiße Ehepaar trug den kleinen Sarg, der doch eigentlich eine Tür war, an den Strand. Dort begruben sie ihr liebes Kind im Sand. Aber die verweinten Augen der Missionare sahen weit über das Meer – über den Horizont hinaus. Missionar Hoffmann blickte auf seine handgeschriebene Bibel und dachte: *»Hier drin heißt es, dass der Gott, der unseren Herrn Jesus aus den Toten auferweckt hat, auch unseren geliebten Gestorbenen wieder lebendig machen wird. Wir können durch den Horizont sehen. So steht es in Gottes gutem Buch – im Römerbrief, Kapitel 8, Vers 11.«*

Ja, das ist Ostern – das ist wirkliche Hoffnung: Die, die Jesus vertrauen, können *»durch den Horizont sehen«*! Sie wissen: Jesus Christus ist wirklich auferstanden und zu seinem Vater in den Himmel zurückgekehrt. Er lebt! Und wer an ihn glaubt, bekommt ewiges Leben geschenkt, das später bei ihm im Himmel weitergeht. Ist das nicht eine klasse Botschaft!? Eine geniale Perspektive voller Hoffnung!?

Sekundenschlaf!

Hast du schon mal vom Sekundenschlaf gehört? – Nein? So etwas kann einem bei langen Autofahrten ganz leicht passieren. Ganz allmählich wird der Fahrer müder und müder, und dann nickt er für einen Augenblick ein ...

Das kann am Steuer sehr gefährlich werden und sogar tödliche Folgen haben. Wenn man sich überlegt, dass man bei nur *einer* Sekunde Schlaf bei einer Geschwindigkeit von 100 Stundenkilometern fast 30 Meter zurücklegt – und das buchstäblich blind ...

Wenn dann eine Kurve oder ein Hindernis kommt, bleibt der eingenickte Fahrer völlig reaktionslos. Die Polizei vermutet, dass jeder vierte tödliche Unfall auf Autobahnen durch kurzes Einnicken verursacht wird.

Zum Sekundenschlaf möchte ich dir heute ein spannendes Erlebnis von Bauer Herrmann berichten. Er hat mir diese Begebenheit vor Jahren selbst erzählt.

Bauer Herrmann hat seinen Sekundenschlaf am Steuer zwar ganz gut überstanden, aber direkt danach geschah etwas noch Gefährlicheres ...

Bauer Herrmann erzählt:

Wir haben einen großen Bauernhof mit Obstgärten und Gemüsefeldern. Natürlich stellen wir viele leckere Sachen selber her: Marmeladen, Gelees, Säfte usw. Viele Kunden kommen aber nicht zu unserem Hofladen, sondern ich beliefere sie.

Ich war wieder mal mit unserem Lieferwagen auf dem Weg ins Ruhrgebiet, denn dort haben wir viele Kunden. Denen bringe ich die Saftflaschen und Kartoffelsäcke bis vor die Haustür. Viele von ihnen sind ältere Leute, die nicht mehr gut einkaufen gehen können. Denen trage ich die Waren auch bis in den Keller. Die Kunden freuen sich sehr, wenn ich meine selbst gemachten Sachen persönlich abliefere. Oft muss ich dann noch zu einer Tasse Kaffee bleiben und ein wenig plaudern.

Nun ja, also, mit meinem Transporter war ich frühmorgens vollgeladen mit schweren Saftkisten, Marmeladengläsern und jeder Menge Kartoffelsäcken aufgebrochen. Stundenlang war ich durch das Großstadtgewirr gekurvt und hatte alle Adressen abgeklappert.

Nun lag ein langer, anstrengender Tag hinter mir. Nach der letzten Auslieferung fuhr ich gegen Abend mit meinem leeren Lieferwagen wieder nach Hause. Nur mein Geldbeutel war prall gefüllt. Ich hatte bestimmt 3000 Euro bei mir.

Es war vielleicht gegen halb elf abends. Es war längst dunkel, aber noch immer sehr warm. Da fielen mir auf der eintönigen Rückfahrt beinahe die Augen zu.

Puh! Ich kurbelte das Seitenfenster etwas herunter, um wieder hellwach zu werden. Mein Auto hatte noch keine elektrischen Fensterheber. Mehrmals musste ich mit Erschrecken feststellen, wie müde ich war. Ganz ungewollt begann ich wieder und wieder wegzudösen. Ich konnte den Wagen kaum noch steuern.

So durfte ich unmöglich weiterfahren. Es waren noch zwei Stunden bis nach Hause. Also suchte ich nach dem nächsten Parkplatz und bog von der Autobahn ab, um ein kurzes Nickerchen zu machen. Ich wollte nicht lange dort bleiben. Nur etwas ausruhen, bis ich mich wieder frisch genug fühlen würde.

Ich war wohl schon eine Weile eingeschlafen, als plötzlich eine Stimme rief: *»Geld her – oder ich schieße!«*

Erschrocken riss ich meine Augen auf und wusste gar nicht, wie mir geschah. Träumte ich? Nein. Das war real. Eine maskierte Gestalt stand direkt neben meinem Auto und drohte mit einer Schusswaffe. Zum Glück war das Fenster nur einen Spalt weit offen und die Tür vom Lieferwagen ziemlich hoch.

Sofort nahm ich beide Hände hoch und überlegte, was ich jetzt tun sollte. Immerhin hatte ich viel Bargeld bei mir. Die gesamten Tageseinnahmen. Und auf dem Parkplatz war sonst kein Mensch, der mir helfen konnte. Der Räuber forderte nur schroff: *»Sofort alles Geld her! Los!«*

Ich bin bestimmt kein Held, aber ich tat so, als würde ich nach meinem Geldbeutel greifen. Dabei drückte ich blitzschnell mit dem Ellbogen das Knöpfchen zum Verriegeln herunter und wollte dann das Fenster wieder ganz hochkurbeln. Doch da streckte der Räuber schon seine Waffe durch den Spalt und begann auf mich zu zielen, zögerte aber.

Dann ging alles sehr, sehr schnell. Er fuchtelte mit der Pistole und bewegte seinen Zeigefinger. Da ließ ich mich flach auf den Beifahrersitz fallen, um seinem Schuss auszuweichen, und drückte dabei auch die Verriegelung von der Beifahrerseite herunter.

Im gleichen Moment gingen ein lauter Knall und eine heftige Druckwelle über mich hinweg – ohne, dass etwas geschah. Ich lag flach auf der Sitzbank meines Transporters und war wie versteinert. Er hatte tatsächlich geschossen. Aber ich merkte: Das war keine scharfe Schusswaffe, sondern nur eine Schreckschuss-Pistole.

Mit dieser Waffe konnte mir der Mann nichts Schlimmes anhaben. Aber der Räuber ließ nicht locker. Er nahm seine Waffe falsch herum in die Hand und begann damit gegen das Seitenfenster zu hämmern. Er wollte die Scheibe zertrümmern!

Offenbar ahnte er, dass es bei mir viel zu holen gab, und ließ deshalb nicht von mir ab. Ich war ganz allein in der Nacht auf diesem einsamen Parkplatz an der Autobahn. Was sollte ich nur machen?

Zum Starten des Motors und Davonfahren war es jetzt zu spät. Der Kerl hielt sich an meinem Seitenspiegel fest. Krachend schlug das Griffstück der Pistole gegen meine Seitenscheibe. Ich müsste jemanden anrufen. Mein Handy lag irgendwo im Auto.

Jemanden anrufen ... ja, das war's! Am besten die Polizei. Doch da fiel mir urplötzlich ein Bibelvers ein: *»Jeder, der irgend den Namen des Herrn anruft, wird errettet werden.«* Aber ob das wirklich funktionierte? Ich riss meinen Mund auf und rief: *»HERR JESUS!«* Mehr nicht. Der Räuber riss die Augen weit auf, als ich plötzlich nur diese zwei Wörter in die Nacht brüllte: *»HERR JESUS!«*

Ob der Räuber vielleicht dachte, dass da ein zweiter Mann hinten in meinem Wagen saß, der sich *»Herr Jesus«* nannte? Oder ob der Finsterling einfach nur erschrocken war, weil ich plötzlich so laut um Hilfe rief? Jedenfalls – der Kerl drehte sich sofort erschrocken um, ließ seine Waffe sinken, rannte blitzschnell um mein Auto herum und verschwand vom Parkplatz in die Dunkelheit.

Noch konnte ich nicht fassen, wie rasch mein Notruf gewirkt hatte. *»Jeder, der irgend den Namen des Herrn an-*

ruft, wird errettet werden.« Ich hätte es nicht für möglich gehalten, aber es war genau so geschehen! Ich rief laut den Namen des HERRN JESUS, und ich war gerettet.

Mit laut klopfendem Herzen und noch unter Schock saß ich auf meinem Fahrersitz und stammelte nur: *»Danke, mein HERR! Danke, Du hast mich wirklich gerettet.«* Aber war der Kerl wirklich fort? Oder wartete er nur irgendwo in den Büschen? Am besten würde ich sofort losfahren.

Erst jetzt merkte ich, dass da ein Fahrzeug hinter mir hielt. War das vielleicht das Auto des Täters? Im Rückspiegel sah ich in der Dunkelheit nur: Das Fahrzeug hatte oben auf dem Dach irgendetwas angeschraubt ... War es ein Taxi? Zwei Männer stiegen aus und kamen auf mich zu.

Es waren zwei Polizisten. Völlig aufgeregt und kopflos sprang ich aus dem Auto und rief: *»Schnell! Ich wurde überfallen! Schnappen Sie den Mann! Er ist da in die Büsche gerannt.«*

Die beiden Polizisten holten Lampen aus dem Streifenwagen und leuchteten die Büsche ab. Doch es war nichts zu sehen. Keine Spur von dem Kerl. Sie forderten über Funk Verstärkung an und suchten dann das ganze Grüngelände bis zum Zaun ab. Aber sie konnten den Mann nicht finden.

Bestimmt kannte der Täter ein Schlupfloch im Zaun und war schon längst in die Nacht entkommen. Ob er das Polizeifahrzeug kommen gesehen hatte? Warum ließ er sonst so plötzlich von mir ab? Wahrscheinlich war es so.

Aber das unglaubliche Wunder ist doch dies: Genau in dem Moment, als ich den Namen des HERRN rief, bog eine Polizeistreife auf diesen kleinen Autobahn-Parkplatz. Ausgerechnet in der Sekunde, als ich *»den Namen des Herrn anrief«*! Ja, Gott macht nie einen Sekundenschlaf, nicht mal ein Nickerchen – unser Hüter schläft und schlummert nie!

Wie mir die Polizisten später erklärten, wollten sie nur eine Routine-Kontrolle machen. Die Beamten staunten nicht schlecht, als ich ihnen meine ganze Geschichte erzählte. *»Also, wie jetzt? Ist denn wirklich noch jemand hinten in Ihrem Lieferwagen?«*, wollte der eine Polizist wissen. – *»Nein, nur leere Kartoffelsäcke!«* Aber irgendwie stimmte es ja doch, dass da noch einer mit mir im Auto saß …

Dieses Erlebnis zeigt, dass Gott sein Wort hält. Auch du kannst jederzeit Gott um Rettung anrufen. Der Vers aus Römer 10,13 gilt auch heute noch: *»JEDER, der irgend den Namen des Herrn anruft, wird errettet werden.«* Vielleicht nicht immer aus einer aktuellen Not wie bei Bauer Herrmann – aber gewiss, was deine Rettung für die Ewigkeit angeht.

Um Gott anzurufen, brauchst du weder ein Handy noch eine Telefonnummer. Es genügt, wenn du vertrauensvoll und erwartungsvoll nach ihm rufst. Denn: *»Der Name des HERRN ist ein starker Turm; der Gerechte läuft dahin und ist in Sicherheit«*, heißt es in Sprüche 18,10.

Bauer Herrmann erzählte immer wieder diese Geschichte. Dazu erklärte er jedem, der ihm zuhörte: *»In Psalm 50,15 steht: ›Und rufe mich an am Tag der Bedrängnis: Ich will dich erretten …‹ – Aber dieser Vers geht weiter: ›… und du wirst mich verherrlichen!‹ Vergiss nicht: Wenn du Gottes Hilfe erlebt hast, wenn der Herr Jesus auch dein Retter geworden ist – dann danke ihm und erzähle auch anderen davon. Das ehrt Gott!«*

Vielleicht denkst du aber auch: *»Viele Leute hat Gott aber nicht gerettet, als sie zu ihm riefen. Und wie viele Christen mussten Schlimmes erleiden oder sogar sterben, obwohl sie doch Jesus um Rettung angerufen hatten …!«*

Ja. Das stimmt. Nicht immer rettet Gott uns aus der jeweiligen Not, aber in jedem Fall vor dem ewigen Tod. Wer auf Jesus vertraut, wer sich ihm auch im schlimmsten Leid anvertraut, der wird errettet. Das heißt: Auch wenn er vielleicht hier vieles erduldet oder sogar sein Leben verliert, wird er doch in Gottes Hand geborgen bleiben und in den Himmel gerettet.